周勛初文集

門弟子徐兴無敬書

周勋初文集

诗仙李白之谜

周勋初　著

凤凰出版社

图书在版编目（CIP）数据

诗仙李白之谜 / 周勋初著. -- 南京 : 凤凰出版社, 2021.6（2025.3重印）
（周勋初文集）
ISBN 978-7-5506-3421-3

Ⅰ. ①诗… Ⅱ. ①周… Ⅲ. ①李白（701-762）—人物研究 Ⅳ. ①K825.6

中国版本图书馆CIP数据核字(2021)第077753号

书　　名	诗仙李白之谜
著　　者	周勋初
责任编辑	孟　清
装帧设计	徐　慧
责任监制	程明娇
出版发行	凤凰出版社(原江苏古籍出版社) 发行部电话025-83223462
出版社地址	江苏省南京市中央路165号,邮编:210009
照　　排	南京凯建文化发展有限公司
印　　刷	苏州市越洋印刷有限公司 江苏省苏州市吴中区南官渡路20号,邮编:215104
开　　本	880毫米×1230毫米　1/32
印　　张	5.75
字　　数	139千字
版　　次	2021年6月第1版
印　　次	2025年3月第2次印刷
标准书号	ISBN 978-7-5506-3421-3
定　　价	68.00元 (本书凡印装错误可向承印厂调换,电话:0512-68180788)

周勋初简介：

周勋初，上海市南汇县人，1929年生，副博士研究生肄业。

现为南京大学人文社会科学荣誉资深教授，历任南京大学研究生院副院长、古籍所所长、中国古代文学重点学科学术带头人，兼任江苏省文史研究馆馆长。

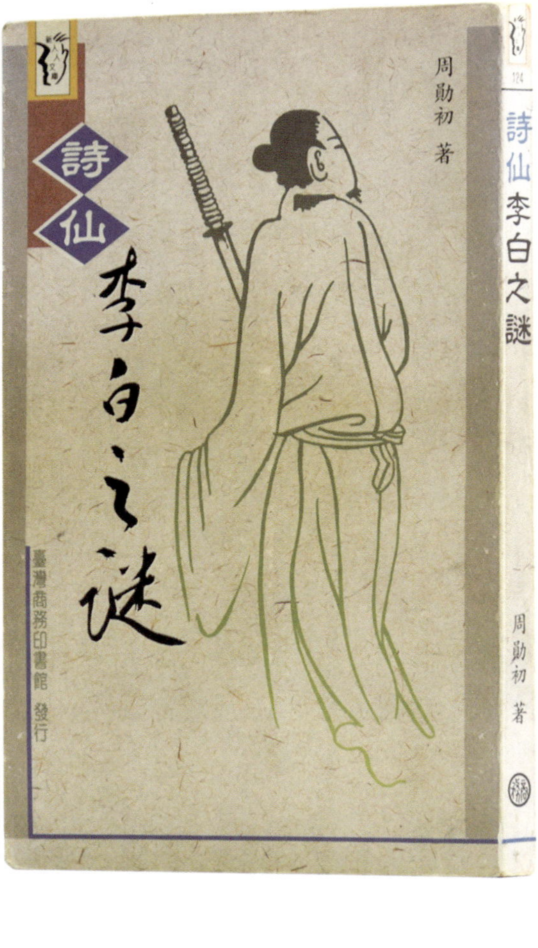

台湾商务印书馆 1996 年 11 月出版

目　录

序

南京大学古典文献研究所所长周勋初教授《诗仙李白之谜》论文集由台湾商务印书馆出版，嘱为作序。自愧学问弗如，勤勉弗如，成就弗如，声名弗如，岂宜遽相依傍？是以迟迟欲不应命，而终乃不能却者，以先生之诚切相督，且感于向晚之年，始纳交于白下，而倾盖有夙心之亲，一若平生之旧，实为难得而可贵，又岂不宜因而有所言耶？

夫太白以绝代之才，生盛极之世，其所挥洒，炳耀日月，而遭遇云霾，委屈尘壤，然其不朽于千古，则昭昭矣。逮及近世，乃有仰大鼻息效蚍蜉之撼者，曾令鲁斤辍运，澄月潜晖，而长江一浪，汰之如洗，述李之学，遂复仍兴，其中先生之所论撰，矫矫乎卓立于群贤之表，固不待愚之赞一词也。

然而，犹有所感。当太白之放帝京，尚得着宫锦，坐大航，散金邀月，慷慨高歌；而既绁浔阳，亦有援手大力相加，非仅举世无欲杀者，且有同声之怜，许以不朽。然而千载之馀，其才若学或有不甚相下，而遭逢之酷远有过之者，然而谁能为之援手而孰能声以相怜，岂非古今一慨而今又甚于古耶？惟其中默茹而静守，持志以修身者不知几千万也，是又皆有所不逊于太白矣。

愚于渡海四十年后，再至江南，一见先生，即知为千万中之贤者，其学术深厚，风度温醇，弥令钦敬，其后因缘数会，愈相契合，故不能不勉为之序，实以抒乱离忧患之感与夫相知难得之情也。亦愿世之研读先生精论宏篇者，于解悟太白生平之际，更多推求士君子处治乱之道，而思所以立己安人，则于先生所阐李杜文章千古之义，所获又不可限矣。

丙子秋日　杨承祖　拜序于台中东海大学

前言、文化背景

——李白生平诸多疑难问题之揭示

研究历史人物，要想掌握他的特点，了解他的为人与风格特异处，办法之一，就是拿他和同时代的人作比较。假如他对某些事件的看法和处理方式与众不同，甚至和周围最接近的人也不相同，那就必定有其思想上的原因。如再进一步深入考察，就有可能了解到他所接受的教育或其人生经历的其他方面均有其特异之处。这应当是历史研究中可以采用的一种简单易行而且颇为可靠的方法。

研究古代作家，更应注意运用比较的方法。因为那些杰出的作家，感情浓郁，个性突出，更易与周围的人区别开来。后人若能进行各种不同角度的研究，也就容易把握他的特点，从而使这一研究工作更具体，更深入。

李白的为人，颇与众不同。神情潇洒，颖脱不群，应当与他天生的材质有关，但也有其独异的文化背景。这种矫矫不群的风格，正说明了他的出身、经历和所受的教育与时人不同，因此他观察问题的角度与处理问题的方式，也与时人不同。可以说，李白个人事业上的成功与失败，都与这种文化背景有关。分析这种文化背景，拿他和盛唐其他诗人作比较，也就是一件令人深感兴趣的事。

大家知道，唐代社会很开放，宗教信仰很自由，儒、释、道并行，文士都有三者兼崇的作风，只是各有所偏罢了。李白人称诗仙，自然偏于信奉道教；王维人称诗佛，自然偏于信奉佛教；杜甫人称诗圣，自然偏于信奉儒家。应该说，儒家重视人伦物理，把人生价值寄托在三纲六纪的实施上，不重来世或现世的成佛或成仙，因此它与宗教是有区别的。中国以儒家宗旨为立国之本，士人无不接受有关儒家的教育，因此，他们的立身行事，都与儒家制订的各项准则有关。杜甫人称“一饭不忘君”，立志“致君尧舜上”，终身都在为实现儒家的道德规范而奋斗。王维中年之后信奉佛教，常是过居士生活，但他仍在朝为官，可见他还是不忘尘俗。当他十七岁时，曾作《九月九日忆山东兄弟》诗，曰“独在异乡为异客，每逢佳节倍思亲。遥知兄弟登高处，遍插茱萸少一人”。其后他以被迫接受安禄山逆命而受囚系，其弟王缙已居高位，遂上表请削己职以赎兄罪，因得解释。王维晚年时，王缙远在蜀地任职，王维遂上《责躬荐弟表》曰：“弟之与臣，更相为命，两人又俱白首，一别恐隔黄泉。倘得同居，相视而没，泯灭之际，魂魄有依。伏乞尽削臣官，放归田里，赐弟散职，令在朝廷。”手足之情始末不渝，令人感动。李白的情况与此不同，按李白排行十二，足见其兄弟群从之多，只是在他诗文中从未出现一人名字。直到他以永王璘事获罪而下狱，在《万愤词》中悲呼“兄九江兮弟三峡”时，仍然不提兄弟之间来往的丝毫踪迹。这在注重家族关系的中国士人中，情况显得很特殊。

与此相同，李白在诗文中也很少提到父母，以致后人无法知道其名字。王琦为李白《万愤词》作注，云“太白诗中绝无思亲之句”，这在当时其他文人中也是不多见的。

李白自称是凉武昭王暠之后，但他从未系统地追述过上代情况。杜甫可就不同了，远祖杜预，功业、学术均极突出；祖父杜审言，以诗歌著称当世；叔父杜并，为父报仇不惜身殉，这些都是杜甫引以为荣的事，屡在诗文中提及。《进雕赋表》中说：“自先君恕、预以降，奉儒守官，未坠素业矣。”他一生都为其祖先“传之以仁义礼智信，列之以公侯伯子男”（《唐故万年县君京兆杜氏墓志》）而自豪，可见其伏膺儒术之真诚。

杜甫屡次提及其父杜闲和几个兄弟，感情极为深厚。这些地方，充分反映出了中国士人注重伦理道德和注重家族关系的特点。在这些地方，李白却是完全不同，这不能不引起读者的诧异。

李白与妻子的关系也与他人不同。他二十五岁之后离乡浪游，到了楚地安陆，故相许圉师家妻以孙女，招他为婿，生有子女。但在婚后不久，又出外长期浪游。天宝年间，李白任翰林待诏失宠，赐金还山，乃东游梁宋，故相宗楚客家又妻以孙女，结果婚后不久又出外长期浪游，而把前妻所生的年幼子女一直寄放在山东，让他们在无至亲照料的情况下生活。李白的前后婚事，在唐代诗人中没有相近的例子；他对家庭的态度，也与其他诗人大不相同，因此日本研究李白的专家筧久美子教授批评道："李白身为一家户主，或作为一个丈夫是指望不上、靠不住的；他是一个对家庭不负责任，与家庭不相称的人。"①

在封建社会中，闺闱之内的私情向来被人认为不能见诸文字，因此在诗人笔下，言及夫妻情谊的诗篇不多见，但杜甫这位重视伦常的大诗人，却是留下了好几首叙及妻室的诗篇。当他在安史之乱中身陷长安，怀念居住鄜州的一家老小时，作《月夜》诗曰："今夜鄜州月，闺中只独看。遥怜小儿女，未解忆长安。香雾云鬟湿，清辉玉臂寒。何时倚虚幌，双照泪痕干？"王嗣奭《杜臆》释之曰："公本思家，反想家人思己，已进一层。至念及儿女不能思，又进一层。五、六语丽情悲。末想到聚首时对月舒愁之状，词旨婉切。公之笃于伉俪如此。"杜甫的这种家庭观，以及与妻子之间感情上的联系，与李白形成了强烈的反差。

可以附带一提的是：李白为儿女取的名字也极奇特。儿子大名伯禽，小名明月奴；另一个儿子叫颇黎，还有叫天然的；女儿则名平阳，

---

① 《李白结婚考》，载《中国李白研究》1990 年集下，江苏古籍出版社 1991 年版。

这与国人取名的习惯完全不同。杜甫为儿子取名宗文、宗武，就是完全符合命名规范的了。

俗语说“在家靠父母，出门靠朋友”。李白在家与父母的关系，在诗文中几乎没有什么记录；但他长期在外浪游，结交的朋友不少，平生也确以友谊为重。他在《上安州裴长史书》中还提到：“昔与蜀中友人吴指南同游于楚，指南死于洞庭之上，白禫服恸哭，若丧天伦……遂权殡于湖侧，便之金陵。数年来观，筋肉尚在，白雪泣持刃，躬身洗削，裹骨徒步，负之而趋，寝兴携持，无辍身手，遂丐贷营葬于鄂城之东。”这也就是一件极为奇怪的事了。《孝经》上说：“身体发肤，受之父母，不敢毁伤，孝之始也。”李白却用刀子去把朋友尸骨旁的肉剔尽。从一个儒家文化哺育下成长的士人看来，简直不可思议。历史上也从未见到过有哪一位诗人曾用这种办法葬友的。李白此举，足以证明他所承受的文化背景与同时其他文士大有不同。

在这一事件中，又可看出李白平时常携带凶器。他在《叙旧赠江阳宰陆调》诗中说：“风流少年时，京洛事游遨。腰间延陵剑，玉带明珠袍。”《留别广陵诸公》诗中说：“金羁络骏马，锦带横龙泉。”说明他平时就规仿侠士，仗剑出游。但崔宗之《赠李十二》诗中又说：“袖有匕首剑，怀中茂陵书。”则是李白平时又袖藏匕首，这就像是专为斗殴杀人而准备的凶器了。

李白是真杀过人的。魏颢《李翰林集序》曰：“少任侠，手刃数人。”这恐怕也是唐代其他诗人从未有过的经历。

盛唐诗人中有豪侠之风者甚多，《唐才子传》卷三记王之涣事，曰：“少有侠气，所从游皆五陵少年，击剑悲歌，从禽纵酒。”高適也以豪侠自许，《别韦参军》曰：“二十解书剑，西游长安城。”《淇上酬薛三据兼寄郭少府微》诗曰：“北上登蓟门，茫茫见沙漠。倚剑对风尘，慨然思卫霍。”但他们从未发展到“手刃数人”的地步。

盛唐诗人多有边塞之行，像高適、岑参、王昌龄、王维、崔颢等人都有过这方面的经历，高適、岑参且以写作边塞诗享大名，但李白却无边塞之行的记录。他的壮游，限于人们常来常往的一些地方。按李白的平生所尚来说，理当从军边疆，一展豪情壮志，但他既不从军又不去边塞，这种情况也与其他诗人不同。

这时唐王朝与边疆民族常有冲突，还引发了几次激烈的战争，如与吐蕃争夺石堡城，与南诏战于西洱河。汉族文人持尊王的态度，往往不分青红皂白，同仇敌忾，丑诋异族，李白却持相反的态度，反对这类战争。而在平定安史之乱的战争中，由于明皇的一纸分镇诏书，形成肃宗与永王李璘的拥兵对立。李白作为参与永王幕的唯一名士，遭到了政治上的严惩。这番政治上的抉择，又是与同时其他诗人截然有异的地方。

由此可见，李白的思想与作为跟同时其他诗人很不相同。通过比较，情况当更为明朗。研究工作者如能对他的特异之点一一作出解释，也就可以掌握到他所特具的文化背景，从而揭开笼罩在李白身上的疑团。

下面我拟一一解开上面提到的各种李白之谜。

一、奇特经历

——李白扑朔迷离的身世

在唐人心目中，李白就是一位超级天才。

> 李白为天才绝，白居易为人才绝，李贺为鬼才绝。（《南部新书》卷丙[①]）

这与李白“谪仙人”的称号是一致的。《开元天宝遗事》卷下：“李太白少时，梦所用之笔头上生花，后天才赡逸，名闻天下。”这是因为他的创作成就迥异常人，随后才有这种神奇的传说出现。这也就构成了诗仙李白之“谜”。

裴敬《翰林学士李公墓碑》上说：“先生得天地秀气耶？不然，何异于常之人耶？或曰：太白之精下降，故字太白，故贺监号为谪仙，不其然乎？故为诗格高旨远，若在天上物外，神仙会集，云行鹤驾，想见飘然之状。视尘中屑屑米粒，虫睫纷扰，菌蠢羁绊蹂躏之比。”对李白的诗风作了精辟的说明，也就点出了李白得名“诗仙”的原因。

从李白的生平来说，也是充满着“谜”。

记载李白历史的材料，不能说少，但在李白生平的许多重要问题上，仍有很多迷惑难解之处。今按材料的重要性而区分，将之归为几类：

---

① 《海录碎事》卷十八亦有此说，唯首句作“唐人以李白为天才绝”。

一、李阳冰、魏颢与李白同时，且关系密切。魏颢是李白的崇拜者，曾千里访求一晤，后与李白定交于广陵，李白因尽出其文，命颢为集。魏颢作《李翰林集序》，内中叙及李白历史，当出李白面告，记载应当可信。后李白以从永王璘而获罪，穷途末路，往投当涂令李阳冰。宝应元年，李白疾亟，面托李阳冰为其文集作序，因此李阳冰《草堂集序》中的记载，也应当可信。这两篇文章中的记载，有很多一致之处。其中有些复杂难解之处，可以彼此参照而求得真相。例如魏颢《李翰林集序》中说到“白本陇西，乃放形因家于绵。身既生蜀，则江山英秀”。这里的“生”字应作“降生”解呢？还是应作“生长”解？不易判断。李阳冰《草堂集序》中则云：“李白，字太白，陇西成纪人，凉武昭王暠九世孙。蝉联珪组，世为显著。中叶非罪，谪居条支，易姓与名。然自穷蝉至舜，五世为庶，累世不大曜，亦可叹焉。神龙之始，逃归于蜀，复指李树而生伯阳。惊姜之夕，长庚入梦，故生而名白，以太白字之。世称太白之精，得之矣。”两相印证，可知魏颢所说的“白本陇西”，乃指李白的郡望，意即陇西李氏一系；“身既生蜀”中的“生”字，乃指“生长”而言。但李阳冰提到的“谪居条支”“复指李树而生伯阳”等语，又当怎样理解，则仍有待于剖析。

二、李华、刘全白、范传正、裴敬等人为李白写有碑碣墓志。李华与李白同时而稍后，刘、范、裴三人比李白年辈为后，但耳目相接，他们的记载都有很高的价值。刘全白《唐故翰林学士李君碣记》中曾说：“全白幼则以诗为君所知，及此投吊，荒坟将毁，追想音容，悲不能止。”则是刘氏早年曾交接过李白，所作诗歌还曾得到李白的赞赏。但《碣记》中说李白曾上《宣唐鸿猷》一篇，时人仅任华《杂言·寄李白》中曾言及，内云“《大鹏赋》，《鸿猷》文，嗤长卿，笑子云”，说明此文传诵一时；然自任、刘二人之后，再不见他人记载。中唐之后兵连祸结，故已无片纸留存。范传正之父与李白有交往，故自称“与公有通家之旧”。

范氏后出任宣歙观察使，乃按图访得李白之坟墓，隔三四年后，又访知李白二孙女，乃得闻李白遗志欲葬青山之阳。二孙女还搜于箱箧中，得李白亡子伯禽手疏十数行，纸坏字缺，不能详备，但可约略知其家世。范传正依据所得材料作《唐左拾遗翰林学士李公新墓碑并序》，其内容也颇多可信之处。里面提到“约而计之，凉武昭王九代孙也。隋末多难，一房被窜于碎叶，流离散落，隐易姓名。故自国朝已来，漏于属籍。神龙初，潜还广汉，因侨为郡人”。所言与李阳冰、魏颢的记载相合。但他叙述李氏先世由来时，仍感扑朔迷离，例如其中说的“隋末多难，一房被窜于碎叶”，到底指的是什么事？则既无史料可作印证，也无其他线索可循。后人自可提出种种假设，但却找不到坚强的根据阐明事实真相。

李华以写作碑志著称，今有《故翰林学士李君墓志并序》一文传世。此文纯用古文笔法，多赞颂之词，而较少记载事实。其中说到“有子曰伯禽天然长能持幼能辩”，文字似有夺误，意思不易明了。“天然”一词，是指伯禽天性之美呢？还是李白的另一个儿子的名字？如前说为是，则此文当如下标点“有子曰伯禽，天然长能持，幼能辩”，这样虽似勉强可通，但总嫌不词。李华为古文名家，似不宜有此败笔。如后说为是，则与李白关系密切的李阳冰与魏颢，亲见伯禽手疏的范传正，为什么都没有记载？这些都是无法解开的谜。

三、《旧唐书·文苑传》与《新唐书·文艺传》中都有李白的传记，生平记叙较详，但也埋伏下不少疑团。例如《旧唐书》中说李白为“山东人”，就曾引起后人批驳。但杜甫在《苏端薛复筵简薛华醉歌》中也曾提到“近来海内为长句，汝与山东李白好”，元稹在《唐故工部员外郎杜君墓系铭》中也说：“时山东人李白，亦以奇文取称，时人谓之李、杜。”说明《旧唐书》中的记载也有其根据。但杜诗中说的“山东李白”，可能指其往来于齐兖之地而言，元稹则可能是根据杜甫诗中所言而记录的。《旧唐书》根据元稹记载而定之为籍贯，也就铸成大错。

《新唐书》喜援引小说入史，其中李白的传记，不少地方即系改写小说而成。例如其中说到“有诏供奉翰林，白犹与饮徒醉于市。帝坐沉香子亭，意有所感，欲得白为乐章，召入而白已醉。左右以水颒面稍解。援笔成文，婉丽精切无留思”。大约就是援引《松窗杂录》中的记载写成。由于小说中材料常来自道听途说，学者每对其中记载持保留态度，因此尽管唐代笔记小说中有不少关于李白的记载，但人们对这些材料的可信程度常有不同的看法，因而在这类问题上常发生争论。

这两家正史的作者看来对李白的事迹都没有进行过认真的考辨。例如《旧唐书》中说到“父为任城尉，因家焉。少与鲁中诸生孔巢父、韩凖、裴政、张叔明、陶沔等隐于徂徕山，酣歌纵酒，时号竹溪六逸”，就可断言内有不少错误。从李阳冰、魏颢到范传正，都没有提到过李白之父曾任尉职，范传正所作《新墓碑》中还说：“父客以逋其邑，遂以客为名。高卧云林，不求禄仕。”这里根据的是伯禽手疏中的记载，最为可信，《旧唐书》之说与此出入太大，看来没有什么根据。孔巢父的年龄比李白至少要小十六岁[①]，因此李白“少”时，孔巢父尚未生，又何能有“竹溪六逸”的结合？《新唐书》上记作“更客任城，与孔巢父、韩凖、裴政、张叔明、陶沔居徂徕山，日沉饮，号‘竹溪六逸’”。其材料与《旧唐书》同源，只是略去“少时”二字，因而仍有其可疑之处。

总的看来，李白历史上有很多问题不易搞清，这是有其原因的。按照上面的介绍，可知他家原来居住在河西，几代之前就已迁往西域。年少时，其父携家回内地，遂长大于蜀中。蜀地交通不便，而他家又僻处西畔，因而有关他家庭和童年时代的事迹，几乎无人记载。即使在

① 参看笕文生《李白隐于竹溪年考》，载《中华文史论丛》第47辑，上海古籍出版社1991年版；又载于《唐代文学研究》，广西师范大学出版社1992年版。

他长大出川之后，因为名声还不大，交游还不广，仍然少有人作记载。而他本人的诗文，又多散佚，宋人编集时，又羼入了一些伪作，这就更在他的生平事迹中平添了很多迷惑。

宋代之后，李白名声日上，有关的记载也多了，例如《唐诗纪事》卷十八《李白》中就引用了东蜀杨天惠的《彰明逸事》一文，这是杨氏出任彰明县令时到李白的家乡踏勘的调查报告。杨天惠是一个有心人，调查时态度颇为认真，但其中有些传说，真伪仍难断言。例如其中提到李白“隐居戴天大匡山，往来旁郡，依潼江赵征君蕤。蕤亦节士，任侠有气，善为纵横学，著书号《长短经》。太白从学岁余，去游成都”。可与李白诗文中的记叙相印证。且赵蕤的《长短经》一书尚传于世，亦可与此印证。但杨氏还说李白“微时募县小吏，入令卧内，尝驱牛经堂下，令妻怒，将加诘责，太白亟以诗谢，云：‘素面倚栏钩，娇声出外头。若非是织女，何必问牵牛？’令惊异不问”云云，诗既不佳，情节又滑突，似难据为信实。因此，后人写作李白传记，就在史料的鉴别上，也是困难重重，难以辨析。

大陆地区自 20 世纪 80 年代之后，唐代文学的研究取得了巨大的成就，有关诗人生平事迹的考证，也是盛况空前。李白个人历史上的一些疑难问题，更是成了研究工作中的热点，诸如（一）李白的家世问题，（二）李白的出生地问题，（三）李白移家东鲁的原因与时间问题，（四）李白究系何人荐举入翰林的问题，（五）李白几次入长安的问题……每一个问题中，又有各种异说，例如在李白自云出自李暠这一传统的说法之外，还有（一）李白为陇西李氏丹阳房始祖李伦之后①，

---

① 胥树人《李白和他的诗歌》，上海古籍出版社 1984 年版。

（二）李白为李陵后裔北周李贤、隋李穆之后[①]，（三）李白为李暠之孙李抗之后[②]，（四）李白为太祖李虎侄子达摩之后[③]，（五）李白为隋末凉王李轨之后[④]，（六）李白为高祖长子李建成之后[⑤]，（七）李白为太宗李世民的曾侄孙[⑥]……等各种新说。各家提出新说时，并不对过去的旧说和他人的新说进行辩难，揭示其不可信处，然后提供新的论据，作出新的结论，而是一空依傍，独抒己见。这是因为大家都提不出坚强的论据，而仅依据史籍上有关李氏先世的记载中某些模糊之处，大胆作出推论，旁人尽管有所怀疑，但也难以对此作出判断。因为材料太少了，在这类含混的问题上既难展开商讨，也作不出有理有据的文章来。其他一些问题的情况，都有与此相同之处。

凡上种种，说明李白研究中问题丛生。要想解决这些问题，还应发掘材料，但困难之点就在可资考证的材料过少，能作坚强论据的材料更少，日后能否发掘出更多的材料作为强证，也难断言。结果大家只能把推论作为主要的研究方法使用，其结论也就难为广大的读者所接受。在不坚实的基础上建立独家体系，犹如沙上建塔，碎拆下来，怕不成片断。因此，我对解决上述问题的信心，远没有他人那么坚定。

---

① 张书城《李白先世之谜》，载《唐代文学论丛》总第 8 辑，陕西人民出版社 1986 年版。

② 刘伯涵《李白先世新探》，载《中国李白研究》1990 年集上，江苏古籍出版社 1990 年版。

③ 麦朝枢《关于“李白的姓氏籍贯种族的问题”》，载《文学遗产增刊》第 6 辑，作家出版社 1958 年版。

④ 周维衍《关于李白的先世问题》，载《学术月刊》1985 年第 6 期。

⑤ 韩维禄《李白“五世为庶”当为建成玄孙解》，载《山西师范大学学报》1988 年第 1 期。

⑥ 钟吉雄《谈李白身世之谜》，载《台湾时报》1984 年 10 月 28 日。大陆学者有征引。

实则诗仙李白之谜不仅限于上述数端。若将李白与盛唐时期的其他诗人比较，或许能够发掘出更多富有特殊涵义的不同之点，揭示李白的这些特点，或许可以接触到一些李白研究中更具本质意义的问题。因此本书的重点偏于探讨李白生平事迹中的文化背景问题，试图从另一角度揭开诗仙李白之谜。

但不管李白身上集中了多少谜，后人阅读他的作品，研究他的身世，还得遵循“知人论世”的原则。下面根据一些可靠的史料，略叙其生平：

李白，字太白，自云西汉名将李广之后，凉武昭王暠九世孙，与唐王室属同族，其郡望为陇西成纪。但上世因故被窜逐于西域，谱牒无存，不能与王室联宗。

有关李白家世，可参看李阳冰《草堂集序》、魏颢《李翰林集序》、范传正《唐左拾遗翰林学士李公新墓碑并序》、李白《与韩荆州书》《上安州裴长史书》《赠张相镐二首》等诗文。

武后长安元年(701)，生于中亚碎叶(今吉尔吉斯共和国托克马克附近)。排行十二。神龙初(705)，李白五岁，其父携家迁居绵州昌隆县(宋代名彰明县，即今四川江油)。

李阳冰《草堂集序》云李白卒于宝应元年(762)，李华《故翰林学士李君墓志》称李白卒时年六十二，李白在至德二载(757)写的《为宋中丞自荐表》中也说当时年五十七，可证李白生于武后长安元年，归蜀中时已五岁。杜甫有《寄李十二白二十韵》等诗。

母梦长庚星而诞育，因命名曰白，字太白。

见李阳冰《序》与范传正《新墓碑》。

生而聪颖。年少时泛览百家奇书，好击剑任侠，曾从善为纵横学之赵蕤学习。在蜀中时已有学道求仙之念。

李白曾自述少年读书事，分见《上安州李长史书》《上安州裴长史书》与《赠张相镐二首》之二。魏颢《李翰林集序》与诸家所作碑碣中均曾叙其“少以侠自任”事。李白从赵蕤学，见杨天惠《彰明逸事》中的记载与李白《淮南卧病书怀寄蜀中赵征君蕤》诗。李白与道士的交往与对神仙的向往，见《访戴天山道士不遇》与《登峨眉山》等诗。

开元前期，仗剑去国，辞亲远游。后至安陆，故相许圉师家妻以孙女，招之为婿，遂“酒隐安陆，蹉跎十年”。开元中期，初入长安，隐居终南山，谋求出仕，无成。后与道友元丹丘隐于嵩山，又曾与孔巢父等隐于徂徕山。其时与道士多交往，而始终不能忘情于建功立业。

李白纵游各地与至许圉师家为婿事，分见《上安州李长史书》《上安州裴长史书》与《秋于敬亭送从侄耑游庐山序》。开元中期曾入长安，新、旧《唐书》无记载，参看郁贤皓《“李白几次到长安”讨论综述》①。其后活动，多出当代学者考证，大都根据李白诗文中之内证。

天宝元年(742)，道友元丹丘通过玉真公主推荐，玄宗乃下诏征李白进京，供奉翰林。初颇受宠遇，后遭谗毁，遂离京远游，在

① 载《唐代文学研究年鉴》1986年号，陕西人民出版社1987年版。

朝前后不到两年。其时李白盛名远播，与贺知章等日沉饮，号“酒中八仙”，贺知章誉之为“谪仙人”。

李白供奉翰林事，前引李阳冰、魏颢、刘全白、范传正、裴敬诸文中都有记载。《国史补》《松窗杂录》等小说中亦有记叙。杜甫有《饮中八仙歌》。

天宝时期，唐王朝由盛转衰，各种弊政日益加剧。李林甫、杨国忠相继执政，残害良善，与李白相好之李邕、李通之、崔成甫等或遭害，或被贬。杨国忠两次攻打南诏，均告败绩。其时李白曾请北海高天师授道箓，正式加入道士行列，然仍未能忘情国事。安禄山于幽燕蓄积兵力，阴谋叛乱，李白北游，目睹此情，忧心忡忡。

上述事实，可参看《资治通鉴》“唐纪”天宝三载至十四载中记叙。李白诗文中材料至多，不具列。李白有《访道安陵遇盖寰为予造真箓临别留赠》《奉饯高尊师如贵道士传道箓毕归北海》等诗记入道事。

李白漫游梁宋时，与高適、杜甫交往。后至梁苑，入宗府成婚，宗夫人为武后时相宗楚客孙女。李白遂将女平阳、子伯禽寄养于东鲁。

李、杜、高交往事，三家诗中均曾言及，杜甫《昔游》《遣怀》等诗叙此最详。李白二次娶相门女，与前妻所生子女的关系，可参看本书《李白两次就婚相府所铸成的家庭悲剧》中的介绍。

天宝十四载，安禄山反，李白携妻辗转避难，后至庐山屏风叠隐居。唐玄宗西奔成都途中，听取房琯建议，下诏诸王分镇，其十六子永王璘受命为江陵大都督，充山南东道、岭南、黔中、江南西道节度使，经略南方军事。李璘依恃南方财力与兵力，意欲割据江东。当其东下之兵抵达浔阳时，三次征召李白，白以为用世之时已至，遂下山参与永王幕府，意气颇为高扬。然历时不久，肃宗所遣兵马合围，永王部下溃散，李白亡走彭泽，被逮下狱。

李白辗转避难经过，出于近人考订，均据李白诗文中的材料推测，故各家之说颇有出入。其入永王璘幕经过，《经乱离后天恩流夜郎忆旧游书怀赠江夏韦太守良宰》一诗中叙述颇详，内有辩解之意，然大体符合事实。诸王分镇之举，对李白、杜甫、高適三大诗人之前途影响至巨，拙著《高適年谱》(上海古籍出版社 1980 年版)于此有所论述，可参看。

李白得宣慰大使崔涣、御史中丞宋若思等人营救出狱，然不久又被流放夜郎。肃宗乾元二年(759)，关内大旱，大赦天下，李白中途获释，经江夏回浔阳，重游宣城等地。失意落魄，遂至当涂依县令李阳冰。代宗宝应元年(762)十一月病逝，年六十二。

新、旧《唐书》本传叙营救与遇赦等事，疏误殊多。李白于《在寻阳非所寄内》《狱中上崔相涣》《中丞宋公以吴兵三千赴河南军次寻阳脱余之囚参谋幕府因赠之》等诗中叙述甚明。李白又有《流夜郎闻酺不预》《放后遇恩不霑》等诗叙及流放经过。李白获释、弃世等事，唐代即有种种传说，如云李白曾识郭子仪于行伍间，免脱其刑责而奖重之，卒得其助而获解救；又有李白渡牛渚矶，乘酒捉月而溺死等说，传播甚广，然非事实。李白病殁，李华《志》、李阳冰《序》记叙甚明，无可疑者。

葬于当涂龙山东麓。宪宗元和末，宣歙观察使范传正往祭其冢，访其后裔，知子伯禽已于德宗贞元八年(792)以布衣殁，孙远游不归，二孙女嫁为民妇，泣告先祖志在青山，顷葬东麓，非本意，遂于元和十二年(817)正月二十三日改葬于青山之阳。武宗会昌三年(843)二月中，裴敬前往拜墓时，二孙女已有五六年不去扫墓，知均已殁。

李白墓葬及后裔事均见范传正与裴敬二人所作墓碑。

代宗即位，征拜左拾遗，而李白已殁。故后世或称李拾遗。

见刘全白《碣记》与范传正《新墓碑》。

二、名字寓意

——李白及其家人名字寓意之推断

李白和他的家庭中的人员，所取的名字，都很奇特，简直像是一连串的谜。古人视命名为大事，这些奇特的名字，当然不可能是随便取下来的。李白的家庭，从他的上代起，就已具有较高的汉族文化的修养，他们为子女所取的名字，为自己所取的别号，当然是有所考虑，赋予一定寓意的。推究起来，似乎也可发掘出某些踪迹，从而察觉其用意之所在。今将李白父子三代的名字略作考辨如下：

“客”的内涵

李白的父亲叫“客”。大家知道，古书上所说的客，只是一个代号，犹如五四时期的作家称某人为×先生一样。以人们日常用语的习惯称呼而言：对于外地来的人，可称之为客，《古诗十九首》之十八曰“客从远方来，遗我一端绮。相去万余里，故人心尚尔”；而对远方来此的人来说，则是他乡作“客”。李白父亲的称呼，看来寓有上述双重涵义。联系他的具体经历而言，可说这种称呼是很恰当的。因为他本来居住在西域，直到武后时才携家入蜀，定居绵州昌隆县。从他的出身之地而言，万里跋涉至此，可谓他乡作客；而从本地人的眼中看来，则是“客从远方来”了。由此可知，这个“客”字不能作为姓名看待，它只是一个标志其特殊身份的代号。

李白之父自始至终没有正式的名字传世，享大名的儿子也没有留下先人的正式姓名，真是一大奇事。陈寅恪说："其父之所以名客者，殆由西域之人其名字不通于华夏，因以胡客呼之，遂取以为名，其实非自称之本名也。"①这种假设有其道理。但后人仍应严格按照文献上的记载仅称之为"客"，因为没有任何材料可以证明旁人有称之为"胡客"的。

李白的姓名字号

在现存的各种文献记载中，这一家庭中的人员都坚持自称是李氏的子孙，而且明确地说，李白是凉武昭王暠的九世孙。李阳冰《草堂集序》：

> 李白，字太白，陇西成纪人，凉武昭王暠九世孙。蝉联珪组，世为显著。中叶非罪，谪居条支，易姓与名。然自穷蝉至舜，五世为庶，累世不大曜，亦可叹焉。神龙之始，逃归于蜀，复指李树而生伯阳。惊姜之夕，长庚入梦，故生而名白，以太白字之。世称太白之精，得之矣。

范传正《唐左拾遗翰林学士李公新墓碑并序》：

> 公名白，字太白，其先陇西成纪人。绝嗣之家，难求谱牒。公之孙女搜于箱箧中，得公之亡子伯禽手疏十数行，纸坏字缺，不能详备。约而计之，凉武昭王九代孙也。隋末多难，一房被窜于碎

① 《李太白氏族之疑问》，载《清华学报》第十卷第一期，后收入《金明馆丛稿初编》，上海古籍出版社 1980 年版。

叶，流离散落，隐易姓名，故自国朝已来，漏于属籍。神龙初，潜还广汉，因侨为郡人。父客以逋其邑，遂以客为名。高卧云林，不求禄仕。公之生也，先府君指天枝以复姓，先夫人梦长庚而告祥，名之与字咸所取象。

李白晚年，以永王璘事获罪，穷途末路，往投当涂令李阳冰。临死之前，请李氏为其文集作序，因此《草堂集序》中的这一段话，当是李白自叙其世系，具有可靠的文献价值。而这与范传正所见到的伯禽手疏所叙世系相符。这就说明，李白父子坚信他们的这一家庭出自陇西李氏。唐代的人经常有冒称出自某一著名郡望的习气，但像李白这样闾阎言之，就不太可能说这也是一厢情愿的假托之词了。

范传正在《新墓碑》中申明李白的“名之与字咸所取象”，从上下文来看，这是伯禽手疏中申明的原则，颇有启发意义。它为后人了解李白家庭人员的名字，提供了一把钥匙。范传正的文字也正是依据这项原则而书写的。

所谓“先府君指天枝以复姓”和“复指李树而生伯阳”，涵义相同，说明这一家庭中的“李”姓，直到李白生后，归蜀之时始行恢复。他的父亲当然认为自己是凉武昭王李暠的八代孙，但他或因长期流寓在外，居住西域，原来的名字不类汉人，因而不便贸然自称宗室子孙；或因沾染西域胡人的习气太深，作风有异，因而不便公开申言自己为宗室子孙。到了李白一代，也就可以不必顾及这些障碍，正式宣布“复”姓了。

唐代天子以姓李之故，自称是老子李耳的后代，李白要复姓，也得自称老子之后。这里李白的父亲采取了一种不寻常的措施，把李白的名字与老子诞生的事迹联系了起来。

葛洪《神仙传》中记叙了许多李耳诞生的传说，中云：

老子，姓李，名耳，字伯阳，楚国苦县赖乡人也。其母感大星而有娠。……云：母到李树下生老子，生而能言，指李树曰："以此为我姓。"(《艺文类聚》卷七八引)

把李阳冰、范传正二人有关李白诞生的记载和葛洪《神仙传》中有关李耳诞生的记载加以比较，可知前者乃从后者脱胎而出，并且改动甚微，简直是活脱的翻版。这样做，寓有多种用意，目的似在说明：

（一）他们的这一个家庭，原来确是姓李。这是他们所一再坚持申言的。《赠张相镐二首》之二曰："本家陇西人，先为汉边将。功略盖天地，名飞青云上。苦战竟不侯，当年颇惆怅。"这也就是说：他们的始祖是李耳，远祖是李广，族出凉武昭王李暠，渊源有自，并非虚构。

（二）李唐皇室也自称是李暠之后，因此李白的这一家庭，出于皇室同一族系。只因远窜西域，与中原久失联系，从而与皇室无法联宗，只能暗中引为憾事。范传正在《新墓碑》中说到"绝嗣之家，难求谱牒"，实则范氏到李白的孙女家中了解情况时，距伯禽去世之时不远，伯禽之子外出不归亦仅十二年，如有谱牒流传，不会遽尔泯没。伯禽手疏十数行，还保存了下来。如果家中原来藏有李氏谱牒，恐怕不大会片纸无存。于是李白之父也就只能在李白的出身问题上做文章，假借神话传说中李耳诞生之事作暗示，所谓"指天枝以复姓"了。"天枝"即"天支"，内寓皇室支族之意。李白《化城寺大钟铭序》云此钟为邑宰李有则之所创，李公"系玄元之英蕤，茂列圣之天枝"。范传正之用语与此一致。

（三）老子本居中原，后西行，《史记·老子列传》曰："居周久之，见周之衰，乃遂去。至关，关令尹喜曰：'子将隐矣，强为我著书。'于是老子乃著书上下篇，言道德之意五千余言而去，莫知其所终。"裴骃《集解》引《列仙传》曰："关令尹喜者，周大夫也。善内学星宿，服精华，隐德行仁，时人莫知。老子西游，喜先见其气，知真人当过，候物色而迹之，果得老子；老子亦知其奇，为著书。与老子俱之流沙之西，服巨胜实，莫知其所终。”这里说的“之流沙之西”，不是与李白上代的情况相同的么？

（四）李白之“白”，五行方位属西。李白字太白，太白即金星，亦即长庚星。《神仙传》上叙老子之生乃因“其母感大流星而有娠”，李白的父母把大流星改称“长庚星”，当有其用意在。《诗经・小雅・大东》曰“东有启明，西有长庚”，长庚亦寓出自西方之意。《唐摭言》卷七《知己》：“李太白始自西蜀至京，名未甚振，因以所业贽谒贺知章。知章览《蜀道难》一篇，扬眉谓之曰：‘公非人世之人，可不是太白星精耶！’”又李白在安禄山初反时，制《胡无人》乐府曰“太白入月敌可摧”，虽是托言天官家占验之法，然亦寓有比喻义，认为自己在剿灭安禄山叛军的行动中可大显身手。《酉阳杂俎》前集卷十二《语资》：“禄山反，制《胡无人》，言‘太白入月敌可摧’。及禄山死，太白蚀月。”可见时人颇以西方明星目之，而他自己则以西方明星自居。

（五）李白自号青莲居士，见《答族侄僧中孚赠玉泉仙人掌茶诗序》，又《答湖州迦叶司马问白是何人》诗曰：“青莲居士谪仙人，酒肆藏名三十春。湖州司马何须问，金粟如来是后身。”杨慎《丹铅续录》卷三：“李白生于彰明县之青莲乡，其诗云‘青莲居士谪仙人’是也。”此说似是而非，前人已加驳正。《唐诗纪事》卷十八《李白》引东蜀杨天惠《彰明逸事》云：“学者多疑太白为山东人，又以匡山为匡庐，皆非也。今大匡山犹有读书台，而清廉乡故居，遗址尚在，废为寺，名陇西院。”可见李白的故居名叫清廉乡，作青莲乡者误。王琦《李太白年谱》释青莲曰：“青莲花出西竺，梵语谓之优钵罗花，清净香洁，不染纤尘，太白自号疑取此义。”西竺之地，古时也认为属西域，《三国志》卷三十《魏书・东夷传》裴松之注引《魏略・西戎传》曰：“《浮屠〔经〕》所载与中国

《老子经》相出入，盖以为老子西出关，过西域之天竺。”故后世有唐僧西天取经之说。青莲花亦生西域，岑参《优钵罗花歌并序》有记载。

由上可见，李白的姓、名、字、号都有寓意。这一家庭中人坚信自己出自陇西成纪一族，乃凉武昭王暠之后，只是移居西域已久，谱牒无存，回到中原之后，不能与皇室联宗，因而只能比附李耳故事，说明本家族之迁徙经过。这些故事之中反映出了一种偏执的逆反心理，“客”与李白在无法证明原属陇西一系之后，采用隐语的手法，定要说明这一家族出自西方的李姓，于是在李白的姓、名、字、号中，或寓来自西方之意，或寓本姓李之意。尽管言词闪烁，但统而观之，仍有其线索可循，从而有可能逆探其用意之所在。

释“月圆”

李白有个妹妹叫“月圆”，亦见上引《彰明逸事》。

月是李白笔下出现次数最多的一种天象。今知李白之父为女儿取名“月圆”，可见这一家庭中人都对“月”有偏爱。

古时的人都喜欢将日月对举而言之。日生于东，则月生于西。《文心雕龙·通变》篇中说：“相如《上林》云：‘视之无端，察之无涯，日出东沼，月生西陂。’马融《广成》云：‘天地虹洞，固无端涯，大明出东，月生西陂。’”可见月与“西”方联系之紧密。

为什么“月”与“西方”会有如此紧密的联系呢？这是因为：古人认为日出东方的扶桑，月出西方的月窟。扬雄《长杨赋》曰：“西厌月𥤚，东震日域。”李善注引服虔曰：“𥤚音窟，月所生也。”（《文选》卷九）梁简文帝《大法颂》曰：“西逾月窟，东渐扶桑。”（《广弘明集》卷二十）唐人持同样的认识，岑参《北庭贻宗学士道别》诗曰：“荷戈月窟外，擐甲昆仑东。”《热海行送崔侍御还京》诗曰：“势吞月窟侵太白，气连赤坂通单于。”刘禹锡《送工部张侍郎入蕃吊祭》诗曰：“月窟宾诸夏，云官降九天。”……都以月窟为西域远地。

李白在《上云乐》中说：“金天之西，白日所没。康老胡雏，生彼月窟。”李白坚信自己乃李姓之后，与胡人无涉，但从他对月的称颂中，可知其用意亦与月窟有关。他所说的“月”，原来寓有出自西域极边之地的寓意。

李白在《关山月》中动情地说：“明月出天山，苍茫云海间。长风几万里，吹度玉门关。”联系李白家族的身世，再来考察这首诗中的情绪，应该认为，李白之咏月具有比喻义。如此读去，则可发现李白笔下的“月”，以及他的妹子名字叫月圆，原来都寓托着对远西出生之地的怀恋。

在李白的集子里，有一首难得确解的诗，《江西送友人之罗浮》诗中说：“乡关眇安西，流浪将何之？”王琦注：“杨齐贤曰：‘唐安西大都护府，初治西州，后徙治高昌故地，又徙治龟兹，而故府复为西州交河郡。’琦按文义，‘安西’字疑讹，指为陇右道安西大都护府者，恐未是。”这两句诗，确是很难解释清楚，但传世各本均如此，后人只能根据“安西”本义作出解释。或许这里文字前后有佚，但联系李白的身世，则不能不承认它是绝对正确的自白。于此可见，李白一家对于他们的出身之地，抱有极为深厚的感情。

又李白在《寄远十二首》之十中说：“鲁缟如玉霜，笔题月支书。寄书白鹦鹉，西海慰离居。”因为这一户人家到绵州定居时，李白已是五岁的孩子了，对于西海故地，理当有一些模糊的记忆，而他生活在这样一个具有浓郁的西域文化色彩的家庭中，也就有其可能运用月支书来表达衷肠。由此可知，在李白的笔下，不论是有寓意的月，还是明确提到的“安西”“月支”，都反映了这一家庭对流寓西域这一段历史的深深怀念。

但李白在有一些诗中，则又说到月出蜀地，《剑阁赋》曰“若明月出于剑阁兮，与君两乡对酒而相忆”，《峨眉山歌送蜀僧晏入中京》诗曰“月出峨眉照沧海”……不论月出月窟或天山，还是月出峨眉或剑阁，都指月出李白一家的出身之地。这种对明月升起的地方的歌颂，反映出他心中某种缠绕不清的思绪，所以在笔下自然地流露了出来。

伯禽、明月奴、颇黎诸名考辨

李白还替他儿子取了一个名字，叫做明月奴。这也是与众不同的命名方式，一直引起人们的惊诧。

按“奴”为贱役之称。此词唐前已习用，《晋书》卷六《明帝纪》：“〔太宁二年〕六月，〔王〕敦将举兵内向，帝密知之，乃乘巴滇骏马微行，至于湖，阴察敦营垒而出。有军士疑帝非常人。又敦正昼寝，梦日环其城，惊起曰：‘此必黄须鲜卑奴来也。’帝母荀氏，燕代人，帝状类外氐，须黄，敦故谓帝云。”而自魏晋南北朝至唐宋，贵族官僚家中经常拥有自南海贩运过来的土著昆仑族人，习称之曰昆仑奴。显然，这是以中南半岛南部和南洋诸岛的古地名结合“奴”字而成的专用名称。①

这一时期的人在为子女命名时也常缀一“奴”字。如刘裕小名寄奴，《宋书》卷一《武帝本纪上》：“高祖武皇帝讳裕，字德舆，小名寄奴。”这是因为刘氏原为彭城县绥舆里人，至其曾祖刘混始迁晋陵郡丹徒县之京口里，刘裕北人，寄生南土，故曰“寄奴”。又如任忠小名蛮奴，《陈书》卷三一《任忠传》：“任忠字奉诚，小名蛮奴，汝阴人也。”则以生长之地有蛮族居处，故曰“蛮奴”。明月奴的命名方式与寄奴、蛮奴二名有

---

① 《旧唐书》卷一九七《南蛮传》：“自林邑以南，皆卷发黑身，通号为‘昆仑’”。

一致之处。“奴”乃昵称，由贬词转来，是小名的后缀词。明月寓西方之意，二者合称，犹如说此儿乃是西方来的小家伙。

明月奴的大名叫伯禽，这个名字也是非常奇特的。

众所周知，伯禽是周公的长子。李白的性格虽然狂放，但也不大可能自比周公，而且从他的诗文中来看，似乎也没有自拟儒家圣人的兴趣。当然，像他这种性格的人，也不会去捡拾别人的名字来给自己的儿子命名。

看来这里也是运用了隐语的手法。《刘宾客嘉话录》中一则曰：

> 唐窦群与袁德师同在浙西幕，窦群知尉，尝嗔堂子，曰：“须送伯禽。”问德师曰：“会否？”曰：“某乙也不到如此，也还曾把书读，何乃相轻？”诘之：“且伯禽何人？”德师曰：“只是古之堂子也。”满座人哂。（《太平广记》卷二六〇引）

唐兰释“伯禽”曰：“按此所谓廋词也。‘伯禽’名鲤，谐‘理’或‘李’，指司法也。”①这就可以明白了。李白之子名“伯禽”，原来寓托着姓氏所出的意思。这与其父“指天枝以复姓”的用意一样。

伯禽一名暗寓“李”字，和他的小名一样，还暗寓“西方”之意，因为古时还有李出西方的说法。沈约《咏李诗》曰：“青玉冠西海，碧石弥外区。化为中国实，其下成路衢。”可见李白给他的儿子取名时，寓有希望这一西方之宝来中国结实的用意。

---

① 见《〈刘宾客嘉话录〉的校辑与辨伪》，载《文史》第四辑。按理、李二字古代经常通用。《礼记·月令》：“孟秋，命理瞻伤。”郑玄注：“理，治狱之官也。或借作李。”《史记·天官书》：“左角李，右角将。”司马贞《索隐》：“李，即理，法官也。”《汉书·胡建传》：“黄帝《李法》。”颜师古曰：“李者，法官之号，故其书曰《李法》。李与理音同。”

魏颢《李翰林集序》中说他还曾生下一个儿子，取名为“颇黎”。这也是令人感到奇怪的事。在汉人的名字中，似乎很少见到这样的命名。

按“颇黎”即“玻璃”，原来大约只是一种天然的水晶石，古时归之为玉类。熊忠《古今韵会举要》卷二曰：“玻璃，亦西国宝，此云水玉，千岁冰化。亦书作颇黎。”①《旧唐书》卷一九八《西戎传》中即说波斯出玻璃，《册府元龟》卷九七〇《外臣部·朝贡三》载太宗贞观十七年“拂菻王波多力遣使献赤颇黎、绿颇黎、石绿、金精等物”，高宗上元二年“拔汗那王献碧颇黎及蛇黄”。唐人甚为重视这种远方而来的珍宝，屡见之篇什，如《松窗杂录》言李白作《清平调》词三章，“太真妃持颇黎七宝杯，酌西凉州葡萄酒，笑领意甚厚”。韩愈《游青龙寺赠崔大补阙》诗曰“灵液屡进颇黎碗”，李贺《秦王饮酒》歌曰“羲和敲日玻璃声”，温庭筠《菩萨蛮》词曰“水晶帘里颇黎枕”等均是。

李华《故翰林学士李君墓志并序》曰：“有子曰伯禽、天然，长能持，幼能辩，数梯公之德，必将大其名也已矣。”数语不甚可解，似有夺误。“天然”二字，用作形容词，则与前后文字缺乏有机的联系；用作名词，与伯禽并列，则当是李白的另一个儿子的名字。此儿不见其他记载，或许是“颇黎”的别名，但二者孰为大名，孰为小名，已难确说。前面提到，颇黎“原来大约只是一种天然的水晶石”，所以取义于此的吧。

颇黎即玉，乃西方之特产，在李白笔下，也就与明月结合了起来。《古朗月行》曰：“小时不识月，呼作白玉盘。”原来他的两个儿子的命名，都寄寓着他对出身之地的系念。

---

① 此说原出陈藏器，见《本草纲目》卷八《金石之二》引。《新唐书》卷五九《艺文志三》丙部“医术类”录陈藏器《本草拾遗》十卷，原注：“开元中人。”

“平阳”的寓意

李白在《寄东鲁二稚子》中说：“娇女字平阳，折花倚桃边。折花不见我，泪下如流泉。小儿名伯禽，与姊亦齐肩，双行桃树下，抚背复谁怜？”可知他的长女叫做“平阳”。

“平阳”一名又有什么涵义？

熟悉唐诗的人，立即就会想到王昌龄的《春宫怨》诗，内云“平阳歌舞新承宠，帘外春寒赐锦袍”。这里说的是汉武帝到他姊姊平阳公主家中遇到舞姬卫子夫的事。卫子夫以歌舞得宠，甚至做到了皇后，后世即以平阳歌舞指称能歌善舞的女子。

以这样的词汇给自己的女儿取名，在具有正统观念的古代文士中，也是难以看到的。

李白毕竟出身于一个由西域迁来的受胡族文化影响很深的家庭，音乐歌舞，成了他特殊的爱好。当时的乐舞，传统的清乐多用于宗庙祭祀，虽然古雅，但已难邀时人的赏识；风行朝野的，主要是西域和西南地区的音乐歌舞，李白的喜好，当然不会例外。

他在诗中多次提到胡姬的美貌和擅长音乐，《前有樽酒行》中说“胡姬貌如花”，《少年行》中说“笑入胡姬酒肆中”，《白鼻騧》中说“挥鞭直就胡姬饮”，《猛虎行》中说“胡雏绿眼吹玉笛”，《送裴十八图南归嵩山二首》之一中说：“胡姬招素手，延客醉金樽。”《醉后赠王历阳》中说：“双歌二胡姬，更奏远清朝。”……因为他长于西域的胡化家庭，从小培养起对歌舞的爱好，于是他为女儿命名时，也就采取“平阳”这一罕见的名字了。

过去曾有人主张，李白本身就是一个胡人。这种看法虽有一定道理，但在很多地方无法讲通，因为他在有些地方对“胡”地的东西并无好感，甚至还有诋斥胡人的言词，提出过讨伐胡人的主张，假如他是一个胡人，也就不大可能会有这样的情绪了。但李白的家庭与胡人毕竟关系甚深。魏颢在《李翰林集序》中提到，当他们在广陵见面时，李白“眸子炯然，哆如饿虎”，有人就以为这种相貌“有些和古书上所说的什么‘碧眼胡僧’等差不多”①，这可是流于求之过深的臆断之词。但是这一记载可以用来说明李白的长相颇与平常的人不同。李白的血液中，当有胡人的成分，而这是完全可以理解的。因为自李暠始，有好几代的人一直生活在当时国际交往最为频繁的丝绸之路上。在他的上代，难免会有与异族通婚之事。只是如上所言，这一家庭中人坚信自身出自陇西成纪的李姓之后，这是与纯粹的胡人颇不相同的；而他在给子女命名时又热烈地反映出了对西域文明的爱好，这种情绪，则又是无法在盛唐时期的其他诗人中见到的。

李白家庭人员何以喜用隐语命名

看来李白的父亲对于汉族文化已有较高的修养。李白《秋于敬亭送从侄耑游庐山序》云：“余小时大人令诵《子虚赋》，私心慕之。”可见他们父子二人都很喜爱司马相如的辞赋。从上面的某些引述中，也可看出他们受到了《子虚赋》的影响。

《子虚》《上林》，原为一赋。② 司马相如通过子虚公和乌有先生的对话，反映他内心一些隐微的想法，子虚、乌有，也就成了虚构的代词。李氏家族中人的命名，什么伯禽、平阳等等，不也是承此而来，曲意虚

① 胡怀琛《李太白的国籍问题》，载《逸经》1936年第一期。

② 有关《子虚》《上林》二赋之间的关系，参看高步瀛《文选李注义疏》卷七《司马长卿子虚赋一首》。

构的么？这里不是采用了类似司马相如的同一手法么？

《上林赋》中说到“月生西陂”，应该说与月圆、明月奴等名字的出现有关。

《子虚》《上林》中侈陈珍宝的文字，可以激发颇黎等名字的产生。

在李白的创作中，《大鹏赋》等文字的产生，固然与《庄子》中的文字与思想有关，但从文体与创作手法的渊源来考察，应当说是直接导源于《子虚》《上林》等赋。

由此可见，李白深受辞赋的影响。司马相如等人常用的一些创作手段，在李白一家命名之时也被采用了。因此，李白家人名字之中都有寓意，揭示其中的隐微之处，也就可以发现许多有关李白家世和个人特点的新鲜信息。

三、婚姻悲剧

——李白两次就婚相府所铸成的家庭悲剧

我这文章的题目，原来拟作《李白二次娶相门女的特异之点》，后来发觉文理欠顺，因为李白就婚的许、宗二家，到了开元、天宝时已经不再显赫一世，李白以平民身份与之通婚，也已说不上有什么特异之处。但李白的婚事仍与常人有所不同。《诗经·豳风·伐柯》上说："取妻如何，匪媒不得。"《齐风·南山》上也说："取妻如之何，匪媒不得。"李白与许、宗二家之女结婚，当是由媒人说合的，处在封建社会之中，男女社交不公开，难得自由结合。但《南山》中又说"取妻如之何，必告父母"，这一点李白可未必能做到。他自离开蜀地之后，从未回过家乡，诗文中也无怀念父母的文字。两次结婚的地点，都离家甚远，不太可能征得家长的同意后才成亲。而且他的两次结合，都是在浪游过程中匆促成婚，手续未必能周全。因此，从礼教的角度来说，媒妁之言或许有之，父母之命则定告阙如。

又《孟子·万章上》引上述《南山》诗，则作"娶妻如之何，必告父母"。可见"娶"妻即"取"妻。"取妻"，是以男性为主体而言的，女方犹如被取之物，所以古代叙及女子出嫁时，则用一"归"字。《说文解字》第二上："归，女嫁也。从止、从妇省，𠂤声。"女子出嫁至夫家为人之妇，叫做"归"，这是她的人生归宿之处，故从"止"。《诗经·邶风·匏有苦叶》中说："士如归妻，迨冰未泮。"王先谦《诗三家义集疏》卷三上曰："妇人谓嫁曰'归'。自士言之，则娶妻是'来归'其妻，故曰'归妻'，谓亲迎也。"李白的情况显然与此不同，主从的关系刚巧相反。从许府与宗府来说，李白是自动“来归”的，他的这两位夫人没有归于李家，而是李白自动“来归”许府和宗府。所以，从严格意义上来说，李白的两次结婚不能用这“娶”字。

古人向视结婚为终身大事。《礼记·昏义》云：“昏礼者，礼之本也。”自先秦时起，也就制订了各种有关婚礼的仪制，《仪礼·士昏礼》上叙述至详，后代大都沿用，但李白的婚礼不可能遵循这样的礼制，因为他正他乡作客，孤身一人，很难按照纳采等等全套程序去完成。而且李白是自己去女家成婚的，这种方式用的是什么礼仪，古书上可缺乏记载了。

婚姻是受法律保护的。唐代政治措施比较严密，礼刑结合，订有完整的《唐律》，且有详细的疏解，第四卷《户婚律》共四十六条，内有关婚事者凡二十一条，可没有一条涉及男至女家就婚的规定。可见李白这样的结婚方式，属于婚事中的变例，从国家的法律来说，也不在保护之列。

下面介绍李白两次婚姻的具体情况。

李白就婚许府的考察

李白的第一位妻子，是许相公的孙女。他在《上安州裴长史书》中说：

> ……乃仗剑去国，辞亲远游，南穷苍梧，东涉溟海。见乡人相如大夸云梦之事，云楚有七泽，遂来观焉。而许相公家见招，妻以孙女，便憩迹于此，至移三霜焉。

李白在《秋于敬亭送从侄耑游庐山序》中又说：“及长，南游云梦，览七泽之壮观，酒隐安陆，蹉跎十年。”这是说他到了安陆，许相公家招赘为婿，前后居住长达十年左右。这种情况就很特殊。

人类的发展都曾经历过母系氏族社会阶段。《吕氏春秋·恃君览》曰：“昔太古尝无君矣，其民聚生群处，知母不知父。”《商君书·开塞》篇曰：“天地设而民生之。当此之时也，民知其母，而不知其父。”而按信史记载，我国自夏、商、周三代起，就已建立起了父系社会，商代初步形成了宗法制度，西周以降，这一制度更趋周密，从而以父系为中心的伦理观念深入人心。男尊女卑，妇女失去了独立的人格和自主权。男子顶门立户，维持一姓相承的血统，继承家财，接续宗祀。妇女出嫁到丈夫家，生儿育女，操劳家务，被视作天经地义的事。“三纲六纪”中的所谓“夫为妻纲”，作为人伦关系中的重要准则，在封建社会中一直信守弗渝。相反，男子入赘于妻家，则被视为反常之事。赘婿一直遭到社会上的贱视。

睡虎地秦墓出土的《为吏之道》上引《魏户律》曰：“廿五年闰再十二月丙午朔辛亥，□告相邦：民或弃邑居壄（野），入人孤寡，徼人妇女，非邦之故也。自今以来，叚（假）门逆吕（旅），赘婿后父，勿令为户，勿鼠（予）田宇。三枼（世）之后，欲士（仕）士（仕）之，乃（仍）署其籍曰：故某虑赘婿某叟之乃（仍）孙。”《睡虎地秦墓竹简》一书的整理者还说：这条魏律“颁布于魏安釐王二十五年（252），内容是严格限制‘假门逆旅，赘婿后父’和‘率民不作，不治室屋’的人，精神和秦法相近。可能正是由于这个缘故，所以被抄在这里，作为参考。”由此可见，战国之时普遍存在着贱视赘婿的情况，有的诸侯国中还曾悬之令典，加以迫害。①

秦、汉两代，赘婿的社会地位犹如罪人。《汉书·晁错传》载其言守边备塞、劝农力本当世急务二事，追叙秦时南北用兵：“秦之戍卒，不

---

① 见睡虎地秦墓竹简整理小组编《睡虎地秦墓竹简》，文物出版社1978年版。

能其水土，戍者死于边，输者偾于道，秦民见行，如往弃市，因以谪发之，名曰谪戍：先发吏有谪及赘婿、贾人，后以尝有市籍者，又后以大父母、父母尝有市籍者。”汉代仍然执行相似的政策，并且形成了所谓“七科谴”的制度。《汉书·武帝纪》“发天下七科谪及勇敢士”下，颜师古注引张晏曰：“吏有罪，一；亡人，二；赘婿，三；贾人，四；故有市籍，五；父母有市籍，六；大父母有市籍，七；凡七科也。”又《贡禹传》言“孝文皇帝时，贵廉洁，贱贪污，贾人、赘婿及吏坐赃者皆禁锢不得为吏”。说明秦、汉两代王朝的歧视赘婿，有变本加厉之势，仍然行使政府权力加以迫害。

其后历代王朝情况略有改变，一般不用皇家的政令公开加以迫害了，但贱视赘婿的社会风气依然如故。在以男性为中心的封建社会中，赘婿始终被视作反常之事而遭到人们的鄙弃。

《公羊传》襄公十六年“君若赘旒然”，何休注：“旒，旂旒。赘，系属之辞，若今俗名就婿为赘婿矣。以旂旒喻者，为下所执持东西。”徐彦疏：“亦是妻所持挈，故名之云尔。”可见赘婿地位的低下。徐彦为唐人，他说的是唐代的情况。赘婿出就妻室，丧失自主权，无独立人格可言，这是为人鄙视的根本原因。

有趣的是，好些汉代出现的有关赘婿的词汇，唐人加以精要的注释，反映出了世代相传的共通观念。今略举数证如下，《史记·滑稽列传》：“淳于髡者，齐之赘婿也。”司马贞《索隐》：“女之夫也，比于子，如人疣赘，是馀剩之物也。”《汉书·贾谊传》载所撰《陈政事疏》“家贫子壮则出赘”，颜师古注：“谓之赘婿者，言其不当出在妻家，亦犹人身体之有疣赘，非应所有也。”

钱锺书《管锥编》中有“赘婿”一条，又申论之曰：“‘赘’之为言‘缀’也，虽附属而仍见外之物也。”他在征引各家之说后，又补充说明道：“旧日入赘之婿多为其妻兄弟所憎侮，即无兄弟而‘坐产招夫’以为‘补代'者，妻党皆鄙薄之。余童时尚见闻此等风俗也。"①

唐代社会虽然比较开放，但在汉族聚居的地方，接受儒家教育的士人中间，因受伦理观念的支配，男子中心论的影响，必然也有贱视赘婿的风气。

范摅记载过两个故事，反映着这方面的情况。《云溪友议》卷下《窥衣帷》云：

> 元丞相载妻王氏，字韫秀。（原注：王缙相公之女，王维右丞之侄。）初王相公镇北京，以韫秀嫁元载，岁久而见轻怠。韫秀谓夫曰："何不增学？妾有奁幌资装，尽为纸墨之费。"王氏父母未或知之。亲属以载夫妻皆乞儿，厌薄之甚，元乃游秦，为诗别韫秀曰："年来谁不厌龙钟，虽在侯门似不容。看取海山寒翠树，苦遭霜霰到秦封。"……元公，肃宗、代宗两朝宰相，贵盛无比……太原内外亲族悉来谒贺者众矣。韫秀置于闲院。忽因晴霁日景，以青紫丝绦四十条，条长三十丈，皆施罗纨绮绣之饰，每条绦下排金银炉二十枚，皆焚异香，香亘其服。乃命诸亲戚西院闲步。韫秀问是何物，侍婢对曰："今日相公及夫人晒曝衣服。"王氏谓诸亲曰："岂料乞索儿妇还有两事。"盖形粗衣也。于是诸亲羞赧，稍稍而辞。

又同书卷中《苗夫人》条云：

---

① 见《管锥编》第三册，第 898 页，中华书局 1979 年版。按朱翌《猗觉寮杂记》卷上："世号赘婿为布袋，多不晓其义，如入布袋，气不得出。顷附舟入浙，有一同舟者，号李布袋。篙人问其徒云：'如何入舍婿谓之布袋？'众无语。忽一人曰：'语讹也。谓之补代。人家有女无子，恐世代自此绝，不肯嫁出，招婿以补其世代尔。'此言绝有理。"此为"补代"一词之出典。许府招李白为婿，原因何在，殊难确说。宗府招李白为婿，当以其有大名，而与"补代"无关。

张延赏相公累代台铉，每宴宾客，选子婿，莫有入意者。其妻苗氏，太宰苗公晋卿之女也。夫人有才鉴，甚别英锐，特选韦皋秀才，曰："此人之贵，无与比俦。"既以女妻之，不二三岁，以韦郎性度高廓，不拘小节，张公稍悔之，至不齿礼，一门婢仆渐见轻怠，惟苗氏待之常厚矣。其于众多视之悒怏，而不能制遏也。皋妻张氏垂泣而言曰："韦郎七尺之躯，学兼文武，岂有沉滞儿家，为尊卑见诮，良时胜境，何忍虚掷乎？"韦乃遂辞东游。

《云溪友议》中介绍的事，所谓小说家言，未必可信。元载之妻为盛唐名将王忠嗣之女，这里说是王缙相公之女，王维右丞之侄，错误显然，不足凭信，但是这两个传说中却是反映出了当时社会的常情，可以推知唐时歧视赘婿或寄居岳家的女婿的社会风气仍然严重。

王、张二家，都是社会地位至高的富贵豪门。元载、韦皋二人寄居门下，终于遭到家族内外的鄙视，最后不得不外出自求功名富贵，发泄压抑多时的不平之气。李白的情况有类于元、韦，而他自言身份为赘婿，可以想见，社会上的看法对之不可能有更好的对待。因此，李白在出蜀之后首先就到安陆入赘于许家，本身就是一件有趣而费解的事。

但李白在《上安州裴长史书》中提到"许相公家见招，妻以孙女"时，并无心存芥蒂的表现，相反，言下还不无自得之意。① 其中有两点

---

① 杜甫《哭王彭州抡》诗曰："北部初高选，东床早见招。蛟龙缠倚剑，鸾凤夹吹箫。"仇兆鳌《杜诗详注》："东床见招，如箫迎鸾凤，抡必缔姻宗室也。"又引《杜臆》曰："见招，是招王为婿。"陈鹏叙唐时贱视赘婿，又据此而论曰："然权贵之家，往往以女招赘士人，而士之未达者，亦多乐于就赘，借为趋附之梯。"又曰："故李义山《杂纂·陡顿欢喜》条以'富家儿乍入赘女婿'与'穷措大及第'并列，盖讥其暴得富贵也。"见《中国婚姻史稿》第744页，中华书局1990年版。李白入赘许府，不能视为趋附，然以就婚相府为荣，其心态亦有相通之处。

可以注意：

一、这位许相公，就是高宗时拜相的许圉师。曾巩《李太白文集后序》曰："盖白蜀郡人，初隐岷山，出居襄汉之间，南游江淮，至楚，观云梦。云梦许氏者，高宗时宰相圉师之家也，以女妻白。"许圉师为许绍少子，《旧唐书》卷五九有传，附许绍传之后，云是仪凤四年卒，则是下距李白入赘许家已历有年代。其时许家的鼎盛时期已过，李白"憩迹"于此，无甚光彩可言，所以他在《送从侄耑游庐山序》中又说是"酒隐安陆，蹉跎十年"。但他对入赘之事看来在思想上没有什么压力。

二、李白对于社会上的世俗之见，有其超越的一面，如平视公侯，侮弄权宦高力士等，非常人之所能及。但他又有热中的一面。陈寅恪说："唐代社会承南北朝之旧俗，通以二事评量人品之高下。此二事，一曰婚，二曰宦。凡婚而不娶名家女，与仕而不由清望官，俱为社会所不齿。"①当时的人对待婚配，有不同的钦慕目标，有的坚持传统的价值标准，以娶"五姓女"为荣，所谓"五姓"，指崔（清河或博陵）、卢（范阳）、李（赵郡或陇西）、郑（荥阳）、王（太原）五大世族。这是南北朝以来的著名郡望，人谓海内第一流的高门。而李白所追求的，则是当代的权贵之家，尽管其时许家已经中落，但许氏毕竟是相门之女，因而他还是甘心屈尊就婚，这反映了他未能免俗而热中的一面。

李白就婚宗氏的考察

李白最后一位经过正式婚礼而结合的妻子是宗氏。当他漫游秋浦时，曾有《自代内赠》一诗，中云：

---

① 《读莺莺传》，载《历史语言研究所集刊》第十本，后收入《元白诗笺证稿》第四章，附《艳诗及悼亡诗》后，古典文学出版社 1958 年版。

妾家三作相，失势去西秦。犹有旧歌管，凄清闻四邻。

其后他因介入永王璘之乱而获罪，远贬夜郎，宗氏和他的弟弟宗璟前往送行，李白在情绪激动之下作《窜夜郎于乌江留别宗十六璟》诗，内云：

君家全盛日，台鼎何陆离。斩鳌翼娲皇，炼石补天维。
一回日月顾，三入凤凰池。失势青门旁，种瓜复几时？
犹会众宾客，三千光路岐。皇恩雪愤懑，松柏含荣滋。
我非东床人，令姊忝齐眉。浪迹未出世，空名动京师。
适遭云罗解，翻谪夜郎悲。

王琦《李太白全集》卷十五按曰：

《唐书》宗楚客本传及《宰相表》：楚客，字叔敖，蒲州人。武后从姊子。长六尺八寸，明皙美须髯。进士及第，累迁户部侍郎，坐赃流岭外，岁余得还。神功元年六月，由尚方少监，检校夏官侍郎、同凤阁鸾台平章事。圣历元年正月，罢为文昌左丞，为武懿宗所劾，贬播州司马。稍为豫州长史，迁少府少监，岐、陕二州刺史。长安四年三月，复以夏官侍郎同凤阁鸾台平章事。七月，坐事贬原州都督。神龙初，为太仆卿。武三思引为兵部尚书。景龙元年九月，同中书门下三品。韦后、安乐公主亲赖之，寻迁中书令。韦氏败，与诛。《传》又言其冒于权利，外附韦氏，内蓄逆谋，故卒以败。其行迹若此，乃太白有"斩鳌翼娲皇，炼石补天维"之褒，诛后亦未闻放罪之辞，赠葬之典，乃太白有"皇恩雪愤懑，松柏含荣滋"之美。在诗人固多溢颂之辞，又为亲者讳，不得不然。若深叙情亲，少序家世，更为得体矣。

王琦对李诗的内容显然是不满意的。但他也持“为贤者讳”的原则，措词留有余地。实际上，宗楚客的劣迹远不止此，笔记小说上更有这方面的许多记叙，如《朝野佥载》卷五言其谄事薛怀义云：“时薛师有嫪毐之宠，遂为作传二卷，论薛师之圣从天而降，不知何代人也。释迦重出，观音再生。”《大唐新语》卷二曰：“楚客无他材能，附会武三思。神龙中为中书舍人，时西突厥、阿史那忠节不合，安西都护郭元振奏请徙忠节于内地，楚客与弟晋卿及纪处讷等纳忠节厚赂，请发兵以讨西突厥，不纳元振之奏。突厥大怒，举兵入寇，甚为边患。”其祸国殃民之事，流传甚广。可以说，宗楚客其人，从他在位时起，名声一直很坏，李白为之大唱颂歌，与当时的议论是完全相左的。

他在赠内的诗中颂扬声名狼藉的宗氏一门，固然有为亲者讳的用意，但也正像联姻许氏一样，是他一贯的思想所支配的。即以联姻高门为荣，而不管这高门名声如何。我国士人向来注重大节，联姻的对象，除门当户对等因素外，还很看重对方是否诗礼传家，具有清白家风，李白却全不计较这些，只要是相门之女，那就引以为荣，不管是入赘也好，奸相之后也好，都能迁就。这种作风，在唐代其他文士中也是见不到的。

按宗氏日后还曾与唐代著名奸相李林甫之女李腾空一起学道求仙。李白《送内寻庐山女道士李腾空二首》其二曰：

多君相门女，学道爱神仙。素手掬青霭，罗衣曳紫烟。
一往屏风叠，乘鸾着玉鞭。

这里的“相门女”当兼指宗氏与李腾空。李腾空出于相门，也博得了李白的尊敬。这与他对宗氏相门的态度是一致的。

但李白的这次“就婚宗府”可没有上次“就婚许府”那么顺当，以致婚后不久即匆匆离去。

李、宗二人在成婚之前想来不可能有什么接触。成婚之后，夫妇之间感情很好，李白曾有很多赠内之作，抒写他的爱恋之情；他还多次写下“代内”之作，想像之中宗氏也在日夜思念着他，等待着远游中的丈夫归去，然而李白仍然长年累月地浪游不归，这又是什么原因呢？

《秋浦寄内》诗曰：

我今寻阳去，辞家千里余。结荷见水宿，却寄大雷书。
虽不同辛苦，怆离各自居。我自入秋浦，三年北信疏。
红颜愁落尽，白发不能除。有客自梁苑，手携五色鱼。
开鱼得锦字，归问我何如。江山虽道阻，意合不为殊。

《自代内赠》诗曰：

宝刀裁流水，无有断绝时。妾意逐君行，缠绵亦如之。
别来门前草，秋巷春转碧。扫尽更还生，萋萋满行迹。
鸣凤始相得，雄惊雌各飞。游云落何山？一往不见归。
估客发大楼，知君在秋浦。梁苑空锦衾，阳台梦行雨。
妾家三作相，失势去西秦。犹有旧歌管，凄清闻四邻。
曲度入紫云，啼无眼中人。妾似井底桃，开花向谁笑？
君如天上月，不肯一回照。窥镜不自识，别多憔悴深。
安得秦吉了，为人道寸心？

《秋浦感主人归燕寄内》诗曰：

> ……
>
> 胡燕别主人，双双语前檐。三飞四回顾，欲去复相瞻。
>
> 岂不恋华屋，终然谢珠帘。我不及此鸟，远行岁已淹。
>
> 寄书道中叹，泪下不能缄。

看来李白实有难言之隐。“鸣凤始相得，雄惊雌各飞”，是说他们结婚不久就分离了，自己乃因受“惊”而不得不走，这里到底发生了什么事情？“……岂不恋华屋，终然谢珠帘”，是说并非是自己浪游成性，甘愿在外飘荡，他本想安栖香巢陪伴宗氏，但形势不容，只能在外飘泊不归。

这一隐情还可联系李白子女的问题一起加以考察。

魏颢《李翰林集序》中说：

> 白始娶于许，生一女一男，〔男〕曰明月奴，女既嫁而卒。又合于刘，刘诀；次合于鲁一妇人，生子曰颇黎。终娶于宗。

魏颢的用字是经过推敲的。他把李白和许氏、宗氏的关系称为“娶”，尽管这字用得仍不很妥贴，但说明这是正式的婚配关系；刘氏与鲁一妇人，则是“合”的关系，自与明媒正“娶”者有别，大约李白与之没有举行过婚礼，二者只是同居罢了。

李白与刘氏中道而“诀”，想来关系不好；与鲁一妇人的关系如何，难以确说。他在《南陵别儿童入京》诗中大骂“会稽愚妇轻买臣”，这位“会稽愚妇”，是指刘氏呢？还是指鲁一妇人？还是另有所指？现在也难以考辨清楚了。但李白把许氏所生的子女寄养在鲁地，总得有人照料，照料子女的人，可能曾与李白有同居关系，可能没有什么关系，不管怎样，对于子女的成长总是极为不利的。这点李白也深有所知，而且可以说是负疚于心的。他在好些诗中表达了这种情绪。《送杨燕之东鲁》曰：

二子鲁门东，别来已经年。因君此中去，不觉泪如泉。

《寄东鲁二稚子》曰：

吴地桑叶绿，吴蚕已三眠。我家寄东鲁，谁种龟阴田？
春事已不及，江行复茫然。南风吹归心，飞堕酒楼前。
楼东一株桃，枝叶拂青烟。此树我所种，别来向三年。
桃今与楼齐，我行尚未旋。娇女字平阳，折花倚桃边。
折花不见我，泪下如流泉。小儿名伯禽，与姊亦齐肩。
双行桃树下，抚背复谁怜？念此失次第，肝肠日忧煎。
裂素写远意，因之汶阳川。

《送萧三十一之鲁中兼问稚子伯禽》：

高堂倚门望伯鱼，鲁中正是趋庭处。
我家寄在沙丘旁，三年不归空断肠。
君行既识伯禽子，应驾小车骑白羊。

这里就有一个问题难以解答。李白把子女寄养在东鲁，日后又与宗氏成婚，按照我国的伦常来说，宗氏理当哺养前妻子女，负起母亲的责任，李白自当把子女接到宋地和母亲住在一起，让他们受到应有的照顾，为什么李白只能忍住自己内心的痛苦，而让子女在无至亲照料的情况下独自生活？这里到底是什么原因阻挡着这家庭的团聚？

这个问题，原因只能从李白与宗氏之间的婚姻性质上去寻找解答。

李白这次至梁苑成婚，和他到安陆成婚一样，也是“宗相公家见招”，实际上是赘婿的身份。① 这样宗氏自然不愿负担母亲的责任，李白也不便把子女接到宗府去了。看来他这次感到了外界的压力，因而结婚不久就出外浪游，谋求机会再营新居，改变就婚宗府的尴尬局面。

这一过程，经历了很长的时间，到了安史乱起才出现机会。宗氏因形势所迫离开梁苑，上了庐山，和李白住到了一起。这时李白也就着手试图把伯禽接到南方安全地带，《赠武十七谔序》曰：“门人武谔，深于义者也。……闻中原作难，西来访余。余爱子伯禽在鲁，许将冒胡兵以致之。”诗曰：

狄犬吠清洛，天津成塞垣。爱子隔东鲁，空悲断肠猿。
林回弃白璧，千里阻同奔。君为我致之，轻赍涉淮源。
精诚合天道，不愧远游魂。

但这一打算后来未能实现，因而后人无法了解李白的原定计划是什么：宗氏仍与子女分住两处呢？还是住在一起？李白作为一家之

---

① 章培恒在《被妻子所弃的诗人》一文中，也怀疑李白与宗氏结婚乃入赘于宗家。他据缪日芑翻宋刊本中李白《自代内赠》诗有“女弟争笑弄，悲羞泪盈巾”二句，推断曰：“知宗氏不但自己住于梁苑，连她的妹妹也住在一起。如果这是宗氏和李白结婚后所建立的家，按照当时习俗，她的妹妹自应住在宗家而不会住在姐夫家里。因此，李白的这次婚姻，很可能是他入赘于宗家。”载《中国典籍与文化》1992 年第 1 期，后收入《献疑集》，岳麓书社 1993 年版。

主了呢？还是听命于宗氏而仍让子女独立生活？

李白的异常婚姻和家庭悲剧

但是李白和宗氏在庐山上的家庭生活没有持续很久，他又在另一种心理的支配下离家出行了。

李白的思想极为复杂。一方面追求超脱，向往神仙世界，从而隐居庐山修道；一方面又热衷于仕进，要求平步青云，立抵卿相。他对身为相府之婿是那么踌躇满志，尽管许、宗二妇已是许圉师、宗楚客之孙女[①]，也能满足他这方面的虚荣心。由于自己不能做到卿相，那么娶到相门之女也就觉得光彩，而当他一遇到机会觉得自己也有可能出任卿相时，就在家室之内发泄出这方面的情绪来了。前面已经述及，当他在南陵接到征召他入京的诏书时，也就大骂“会稽愚妇”而申言“我辈岂是蓬蒿人”了。当他与宗氏一起住在庐山，受到永王的礼遇，三次请他下山时，也就兴冲冲地《别内赴征》了。看来宗氏对此还有疑虑，但李白却是义无返顾地前去了。这三首诗中，情绪激昂热烈，“王命三征去未还，明朝离别出吴关”，这里哪有什么“迫胁”的迹象？李白事后的申辩，后代学者好心的回护，都是无法解释得通的。

有趣的是他在《别内赴征》“其二”中反映的情绪：

出门妻子强牵衣，问我西行几日归。
归时傥佩黄金印，莫见苏秦不下机。

---

① 据《旧唐书》卷七《睿宗纪》，景龙四年（710）六月庚子夜临淄王李隆基等诛楚客，其时下距李白与宗氏结婚，已有三十五年之久。即使宗氏为楚客晚年所生，而宗氏下面还有弟弟，她结婚时也当已靠近四十岁，这与古代女子结婚年龄不合。故宗氏当为宗楚客的孙女。

李白以娶相门女为荣，而又害怕妻子轻视，因此总想抓住机会出人头地，在妻子面前也炫耀一番。他在诗中以苏秦之事作比，虽有调侃之意，但也是他真心的流露。《秋浦歌》其七曰："醉上山公马，寒歌宁戚牛。空吟白石烂，泪满黑貂裘。"《魏郡别苏明府因北游》诗曰："洛阳苏季子，剑戟森词锋。六印虽未佩，轩车若飞龙。黄金数百镒，白璧有几双？散尽空掉臂，高歌赋还邛。"他在长期漂泊无成、满怀悲愤之时，忽然获得了一次身"佩黄金印"的机会，也就压抑不住满腔欣喜，在妻子面前夸耀一番了。

这里还可略作补充的是：李白屡以纵横家的夸耀妻子自期，也是一种有趣的现象，《赠范金乡二首》其一曰："只应自索漠，留舌示山妻。"《赠崔侍御》诗曰："笑吐张仪舌，愁为庄舄吟。"用的是张仪在妻子面前预言他日富贵的故事，如与"会稽愚妇轻买臣"等句并读，也可见到他热望凭借纵横家之术而夸耀妻孥的心态。

但李白的这次政治活动却是彻底失败了。下山不及数月，永王即告失败，李白随之系狱浔阳。这时宗氏表现出了夫妇之间的深厚情谊，急忙下山奔走营救，李白在《在寻阳非所寄内》诗中说："闻难知恸哭，行啼入府中。多君同蔡琰，流泪请曹公。知登吴章岭，昔与死无分。崎岖行石道，外折入青云。相见若悲叹，哀声那可闻？"可见其时宗氏的窘迫之态和李白的感激之情。

李白这时常是想念滞留山东的子女，他在《上崔相百忧草》中说："星离一门，草掷二孩。万愤结缉，忧从中催。"在《万愤词投魏郎中》中又说："兄九江兮弟三峡，悲羽化之难齐。穆陵关北愁爱子，豫章天南隔老妻，一门骨肉散百草，遇难不复相提携。"穆陵关在沂州沂水县北，此指山东地，可见伯禽其时仍在山东，并未南下。"草掷二孩"之一为伯禽无疑，其他一"孩"是谁，是指平阳呢？还是颇黎？则难以确说了。

李白长流夜郎时，宗氏曾与其弟宗璟送行，伯禽等子女似仍未在身边。其后李白诗中虽然出现过“儿”“稚子”等词汇，但涵义含混，可作不同解释，没有确凿的证据可以说明山东的几位子女后来已经赶到江南伴陪着这位流放中的父亲。

李白在流放途中曾有诗怀念宗氏，《南流夜郎寄内》诗云：“夜郎天外怨离居，明月楼中音信疏。北雁春归看欲尽，南来不得豫章书。”然而当他遇赦归来，竟未再与宗氏团聚，不知宗氏其时是否已经去世，还是因入道而已断绝尘缘？

李白的殁于当涂，从李阳冰的记叙看来，宗氏好像仍不在身边。但其时伯禽应当已和父亲住在一起。因为伯禽日后即在当涂安家，儿子、女儿一直住在那里，这点范传正和裴敬在李白的墓志、墓碑中都有明确的记载。

总结上文，可知李白与宗氏结婚之后，尽管夫妇之间感情很好，可始终未能组织起一个圆满的家庭。儿女滞留在山东，得不到应有的照料，受不到良好的教育，李白为此牵肠挂肚，可始终未能使上下两代融合，可见唐代的社会风气尽管比较开放，但就婚相府仍然属于婚姻中的变例，或许李白原先也没有估计到此中的复杂性，结果家庭生活极不正常，伦理关系无从建立，这也可以说是李白人生悲剧的一个方面吧。

李白就婚相府的文化背景分析

李白在婚配问题上反映出了与众不同的观念与举措，原因何在？

总的看来，还与唐代朝野的社会风气与他个人独特的文化背景有关。

朱熹说：“唐源流出于夷狄，故闺门失礼之事不以为异。”（《朱子语类》卷一三六）因为李唐的先世向在北朝任职，难免受到诸多北方民族的影响，即如太宗李世民杀弟元吉后，纳其妃杨氏，有宠，还想把她立为皇后；高宗李治收父太宗之才人武氏为妾，后且立为皇后，即似受到突厥族中流行的收继婚的影响。① 玄宗李隆基纳其子寿王之妃杨氏，后又立为贵妃，也是与历代正统皇朝的婚娶制度大相径庭的。②

西域地区的各民族，生活中还存在着很多母系氏族社会中遗留下来的风习，自古以来，妇女在家庭中一直占有重要的地位。《史记·大宛列传》曰："自大宛以西至安息，国虽颇异言，然大同俗，相知言。……俗贵女子，女子所言而丈夫乃决正。"突厥族的社会发展阶段，要比汉族落后，反映在婚娶问题上，女方的地位仍然要重要得多。玄奘、辩机《大唐西域记》卷一《序论》纵论西域风俗时说："黑岭已来，莫非胡俗。虽戎人同贯，而族类群分，画界封疆，大率土著。……嫁娶无礼，尊卑无次，妇言是用，男位居下。"

岑仲勉曾撰《揭出中华民族与突厥族之密切关系》一文，综合多种材料，介绍突厥族之婚礼如下：

> ……第一期聘金既付，婿偕伴侣携其所致女家及媒妁之厚礼，乘马至女村，止于村前女媒先已豫备之帐，女子则被送至亲戚帐中，与父母相离。于是女之父母设宴，唯婿及女子均不与。迄

① 北方的游牧民族中除突厥外，匈奴、乌孙、柔然等族也行收继婚制，林幹在《突厥的习俗和宗教》中说："出现这种习俗的原因，一是原始群婚的遗风，二是族外婚制的反映，即父死或兄弟死后，为了把寡母或寡嫂约束在本氏族之内，故用收继婚的习俗（制度）使她们不能脱离本氏族而改嫁到外氏族去，以便保持本氏族的人口和力量。"载《突厥与回纥历史论文选集》上册，中华书局 1987 年版。

② 向淑云《唐代婚姻法与婚姻实态》第二章《择偶的身份》第一节《同姓与非同姓》叙唐代帝室之婚姻不合辈分之例甚多，可参看，台湾商务印书馆 1991 年版。

夜深，女媒导女及婿各自其帐至女家，女拒绝作礼，婿则未至女家前，被女媒等作种种之仪式的妨阻，如一人扮作恶犬，又一扮作野牛等，是也。黎明，婿即起去，全日避与岳丈母见面。如是者可两周，婿乃回家，过若干时，聘金付讫，婿又来迎女，女复佯拒，不愿离其父母，于是表演为强力之接去。但其第一项过程，即婿宿女家之一节，即使聘金立时全付，亦不能免。更如突哥曼及喀山塔塔儿等族，第一次婚礼举行后，女犹留母家数月或且数年。①

敦煌斯一七二五号写本《书仪》残卷曰："近代之人多不亲近入室，即是遂就妇家成礼，累积寒暑，不向夫家。"这一情况，当是受到突厥习俗的影响，故于西陲之地尤为多见。但这类婚事如发生在中原的汉族高门，则他人之视那些寄居女家的人，也就和赘婿差不多了。

女方在婚礼中占主导地位，对求婚者作考验或测试，或由女方自行选择夫婿，这在唐代皇族与贵族中有所反映，也应看作是突厥习俗的流风余韵。今亦摘引数例如下：

《旧唐书》卷五一《后妃上·高祖太穆皇后窦氏传》：

〔窦毅〕谓长公主曰："此女才貌如此，不可妄以许人，当为求贤夫。"乃于门屏画二孔雀，诸公子有求婚者，辄与两箭射之，潜约中目者许之。前后数十辈莫能中。高祖后至，两发各中一目。毅大悦，遂归于我帝。②

---

① 载《东方杂志》第四一卷三号，1945年2月，后收入《突厥集史》下册，中华书局1958年版。

② 《酉阳杂俎》续集卷六《寺塔记》下："宣阳坊静域寺，本太穆皇后宅。寺僧曰：'三阶院门外是神尧皇帝射孔雀处。'"可证《旧唐书》中之记载可信。

《开元天宝遗事》卷上《选婿窗》：

李林甫有女六人，各有姿色，雨露之家，求之不允。林甫厅事壁间，开一横窗，饰以杂宝，缦以绛纱，常日使六女戏于窗下。每有贵族子弟入谒，林甫即使女于窗中自选可意者事之。

《开元天宝遗事》卷上《牵红丝娶妇》：

郭元振少时，美风姿，有才艺，宰相张嘉贞欲纳为婿。元振曰："知公门下有女五人，未知孰陋？事不可仓卒，更待忖之。"张曰："吾女各有姿色，即不知谁是匹偶？以子风骨奇秀，非常人也，吾欲令五女各持一丝，幔前使子取便牵之，得者为婿。"元振欣然从命，遂牵一红丝线，得第三女，大有姿色，后果然随夫贵达也。①

这些例证表明：唐代社会一方面受到异族文化的影响，男方有到女家求亲者，女方在择婿时已有较多的自主权。结合前述元载、韦皋的事例来看，唐代赘婿的地位有所改变；但在另一方面，因为其时社会结构没有什么根本的变化，因此外族的某些影响，又不可能改变汉族中人的这种传统观念。

在李白的出生之地碎叶附近，有铁勒在活动。《隋书》卷八四《北狄传》介绍铁勒之情况曰：

---

① 按之史实，此说至不可通。洪迈《容斋随笔》卷一《浅妄书》驳之曰："元振为睿宗宰相，明皇初年即贬死，后十年，嘉贞方作相。"然此故事亦是时代风气之反映，本文只是用来说明当时已有可能出现这一类轶事，借以考察这类故事的文化背景。

自西海之东，依据山谷，往往不绝。独洛河北有仆骨、同罗、韦纥、拔也古、覆罗并号俟斤，蒙陈、吐如纥、斯结、浑、斛薛等诸姓，胜兵可二万。伊吾以西，焉耆之北，傍白山，则有契弊、薄落职、乙咥、苏婆、那曷、乌讙、纥骨、也咥、于尼讙等，胜兵可二万。金山西南有薛延陀、咥勒儿、十槃，达契等，一万余兵。康国北，傍阿得水，则有诃咥、曷截、拨忽、比干、具海、曷比悉、何嵯苏、拔也未渴达等，有三万许兵。得嶷海东西有苏路羯、三索咽、蔑促、隆忽等诸姓，八千余。拂菻东则有恩屈、阿兰、北褥九离、伏嗢昏等，近二万人。北海南则都波等。虽姓氏各别，总谓为铁勒。并无君长，分属东、西两突厥。……其俗大抵与突厥同，唯丈夫婚毕，便就妻家，待产乳男女，然后归舍，死者埋殡之，此其异也。

李白就婚许圉师家，思想上没有承受什么压力，也没有什么屈辱的感觉，应当是他家庭中还保留着突厥与铁勒等族的遗风，因此才没有产生汉族中赘婿那种普遍具有的心理负担。

但是李白的这两次婚姻却是产生了意想不到的后果。当年李白离开安陆，把子女远寄山东，应是由于许氏去世，李白及其子女难以容身，所以远走他乡的吧。但李白随之入赘宗府，因而一直未能照料子女，其后他身陷囹圄，子女也未能前来探视与侍候，这种由异常婚姻而铸成的人生悲剧，曾给李白带来巨大的痛苦。可见李白两次就婚相府后出现的种种问题，是由许、宗二府中人仍有歧视赘婿之事而产生的。李白的婚姻悲剧，实际上是两种不同文化在他家庭中触发的矛盾与冲突。

四、夷夏观念

——李白何以会对唐王朝与边疆民族的战事持客观的态度？

在李白的一生中，唐王朝与边疆民族发生的重大冲突，计有三次：一为安史之乱，二为哥舒翰的攻打石堡城，三为杨国忠的攻打南诏。这些都是牵动全国人心的大事。许多文人在诗文中叙及这些事件，并且表明了自己的政治态度。可以看出，李白对待这三次事件的态度与众不同，这与他所受的教育有关，归根结底，则与他出身家庭的特殊文化背景有着内在的联系。

安史之乱

安禄山是营州柳城胡人，母为突厥巫师，史思明是营州宁夷州突厥杂种胡人，他们的军队中，虽有大批汉人参加，但以同罗与奚、契丹等东北边疆各族人民为主。安禄山曾筑垒于范阳之北，屯雄武城，储兵积谷，养上述诸族八千人为假子。安史乱军之所以剽悍，就因北方游牧民族尚武善战的缘故。安史乱军余部转为藩镇，又因文化背景不同之故，得与唐军相持，割据东北诸镇，其影响直至唐末。

这支军队攻入洛阳、长安，由于民族成分不同，其特点容易辨识。一般汉族文人，大都接受过儒家传统中严夷夏之防的教育，这时大都表现出同仇敌忾的情绪，不论是起兵抗争的颜真卿，还是陷敌后乘机脱走的杜甫，抑或被迫投降的王维，都持对立的态度。杜甫《北征》中说“东胡反未已，臣甫愤所切”；《彭衙行》中说“别来岁月周，胡羯仍搆患”,他们的拥护王室,抗拒安史乱军,正是继承了儒家尊王攘夷的传统。

李白也反对安、史的叛乱,就在《永王东巡歌》中,第二首说“但用东山谢安石,为君谈笑静胡沙”;第十一首说“南风一扫胡尘静,西入长安到日边”。这是因为安、史乱军攻入了长安,而他对安禄山的作为早就有看法,《经乱离后天恩流夜郎忆旧游书怀赠江夏韦太守良宰》诗中追叙他于天宝十一载到达范阳郡时之观感曰:“十月到幽州,戈鋋若罗星,君王弃北海,扫地借长鲸。呼吸走百川,燕然可摧倾。心知不得语,却欲栖蓬瀛。”说明他早已认识到安禄山有异谋,这时正在培植力量,准备夺取天下。结果不出所料,安禄山兵入两京,给人民造成巨大的灾难,李白也避乱南下,隐居庐山。他的反对安禄山,与其时广大士人一致,但却没有什么尊王攘夷的色彩。他只是反对胡人的入侵中原,给人民带来了苦难。

哥舒翰攻打石堡城

哥舒翰是开元、天宝时期著名的战将。在他镇守西陲时,曾因抵御吐蕃的侵袭而博得时人的讴歌称颂,但在他的主持下也有一件激烈的战事,引起过人们的不同评价。那就是天宝八载六月,哥舒翰以六万三千人之众,攻拔吐蕃石堡城,结果死去士卒数万。按诸实际,哥舒翰是奉玄宗之命进行这一场战争的,但在封建社会中,人们议论政事,往往不便牵涉到决策者的皇帝,只能把执行者作为议论的对象。大家对哥舒翰的看法也就反映出了尊王与否的问题。

哥舒翰虽以勇武著称,但也并非一介武夫,《旧唐书》卷一百四本传上说:“翰好读《左氏春秋传》及《汉书》,疏财重气,士多归之。”在他的幕府中,集中了一大批文人。他曾奏严挺之之子武为节度判官,河东吕諲为度支判官，前封丘尉高適为掌书记，另一文人萧昕也曾任掌书记之职，其中当以高適的名声为大。他曾写下过许多诗篇，叙及他入河西、陇右节度幕府中的经历，抒发了他对哥舒翰的尊崇之情。

当他自长安西去，初入哥舒翰幕府时，作《自武威赴临洮谒大夫不及因书即事寄河西陇右幕下诸公》诗，中有句云：

> 顾见征战归，始知士马豪。戈鋋耀崖谷，声气如风涛。
> 隐轸戎旅间，功业竞相褒。献状陈首级，飨军烹太牢。
> 俘囚驱面缚，长幼随巅毛。毡裘何蒙茸，血食本膻臊。
> 汉将乃儿戏，秦人空自劳。①

在此前后，他还作有《同李员外贺哥舒大夫破九曲之作》一诗，为云：

> 遥传副丞相，昨日破西蕃。作气群山动，扬军大旆翻。
> 奇兵邀转战，连弩绝归奔。泉喷诸戎血，风驱死虏魂。
> 头飞攒万戟，面缚聚辕门。鬼哭黄埃暮，天愁白日昏。
> 石城与岩险，铁骑皆云屯。长策一言决，高踪百代存。

尽管哥舒翰也起于边疆的少数民族，但在其掌书记高適笔下，叙及他的战绩时，却总是把哥舒翰攻打的对象，那些属于另外系统的边疆民族，描写得很不堪。这里明显地反映出了儒家教育中夷夏之防这一观念所培养出来的大汉族主义的狭隘心态。

---

① 此诗有甚高之文学与史料价值，而不见传世诸高適诗集，敦煌伯二五五二唐诗选残卷存此佚诗。

储光羲有《哥舒大夫颂德》诗，基调与上述二诗相似，也明确地提到了石堡城之役。内云：

戎人昧正朔，我有轩辕兵。陇路起丰镐，关云随旆旌。
河湟训兵甲，义勇方横行。韩魏多锐士，蹶张在幕庭。
大罪肆决轧，石堡高峥嵘。攻伐若振槁，孰云非神明。
嘉谋即天意，骤胜由师贞。

储光羲的大汉族主义情绪就要强烈得多。他对哥舒翰的攻打石堡城，持歌颂的态度。“颂德”之“德”，正包括这次战役在内。

王维在天宝九载二月之前，仍官库部郎中时，作《贺神兵助取石堡城表》。① 众所周知，王维以佞佛著称，这里他却是赤诚地宣扬道教神仙之说，为哥舒翰攻取石堡城作涂饰。他先介绍天宝八载绛郡太平县百姓王英杞的报告，云是“于万春乡界，频见圣祖，空中有言曰：‘我以神兵助取石堡城。’”据说当时地方上具经郡县陈说，且有文状申奏；其后又于梓州威洞挖得一龛尊像，亦符老子的垂示。因此王维说：

伏惟开元天地大宝圣文神武应道皇帝陛下，以道理国，以奇用兵，先天而法自然，终日不离辎重，故得仙君居九霄之上，屡降中州；圣祖在千古之前，还临后叶。视之不见者今见，听之不闻者今闻。仍敕神兵，以助王旅，天丁力士，潜结鹳鹅，星剑云旗，暗充貔虎。遂歼逆命之虏，果屠难拔之城。

---

① 陈铁民《王维年谱》(载《王维新论》，北京师范学院出版社 1990 年版)、张清华《王维年谱》(学林出版社 1988 年版)均系于天宝八载。参看金丁《王维丁忧时间质疑》，载《文学遗产增刊》十三辑，中华书局 1963 年版。

恬淡寡欲的王维，面对儒家所谓“夷夏”的问题时，也就情绪激昂，持论偏颇了。可见这次攻拔石堡城之役，对于当时的文士来说，波动很大，其反应则相当一致，大都站在正统王朝的立场，赞扬哥舒翰的用兵，而对其牺牲的惨烈，所花的代价是否值得，则存而不论。

在这方面李白的情况颇为不同。他曾作有《述德兼陈情上哥舒大夫》诗，曰：

天为国家孕英才，森森矛戟拥灵台。
浩荡深谋喷江海，纵横逸气走风雷。
丈夫立身有如此，一呼三军皆披靡。
卫青谩作大将军，白起真成一竖子。①

这里他对哥舒翰的战功只是泛泛地作了歌颂，并不涉及对战绩的评价。这与其他文士是有区别的。

又李白《古风》其十四中有“阳和变杀气，发卒骚中土。三十六万人，哀哀泪如雨……”等语，反对边疆战争，萧士赟以为“此诗专指北边而言，当是为哥舒翰攻吐蕃石堡城之事而作也”。徐祯卿等人均表同意。此说虽未能定其必是，但可见李白之反对残民拓边战争，乃是一贯的主张。

又李白在《答王十二寒夜独酌有怀》诗中有云：

君不能学哥舒横行青海夜带刀，西屠石堡取紫袍。

---

① 此诗古今都有人疑为伪作。朱谏《李诗辨疑》卷上曰：“述德则有之，无有陈情之辞，疑当有阙文也。”瞿蜕园、朱金城《李白集校注》驳之曰：“不知投赠即是陈情，此疑所不必疑。”又此诗见于宋代类书《锦绣万花谷》后集卷十四，署名正作李白《赠哥舒翰》，可证宋人见到的文献也明白表示这是李白的投赠之作。

这当然是在这一战役之后才写的诗，可以看出其时哥舒翰仍在高位，威名尚未受损，而李白有此评论，更能说明其见解的高超。当广大的文士尚在陶醉于哥舒翰的战功，竞作颂德之作时，李白却有反战的言论，对此事件作出截然不同的评价，并且谴责哥舒翰的邀功黩武。这一特殊的现象，正可说明其立场观点的异于常人，而这又可追溯他承受的文化背景不同。这也就是说，他所受的教育，有异于一般汉族文人。

鲜于仲通攻打南诏

如果说，唐王朝与吐蕃争夺青海地区的战争，是非曲直，一时难于判断的话，那么唐王朝与南诏的战争，是非曲直比较容易看清。唐代的史书上记载比较详细，南诏阁罗凤也及时树立《南诏德化碑》记载此事。[①] 二者除因立场、观点不同而词气有异外，基本事实却出入不大，原因之起，在于唐王朝的边疆官吏腐败蛮横。天宝九载，南诏的云南王阁罗凤去谒见上属都督，路过云南郡（姚州）。该族习惯，南诏王出行则与妻子同行，但太守张虔陀竟与他妻子私通，且对他进行敲榨勒索，阁罗凤不答应，张虔陀就屡次羞辱他，并且密报他的“罪”行。阁罗凤忿怒，发兵攻杀张虔陀，夺取了云南城等地。鲜于仲通于是年十二月出任剑南节度使。他虽是高车族的后裔，但已汉化。为人暴躁，不能采取正确的政治策略，也就出兵攻打。南诏向来臣服于唐，这时仍想委曲求全，乃遣使者谢罪，愿还虏得人口物品，改过自新，重筑云南城。但阁罗凤也表示，如仍进攻，则将归附吐蕃。鲜于仲通囚禁使者，进攻白崖城，遭到激烈反抗，大败而还。南诏遂向吐蕃称臣。其时唐

---

① 《南诏德化碑》，阮福《滇南古金石录》亦载，可参看。

王朝由杨国忠执政，自不甘罢休，乃于天宝十三载命剑南留后李宓再次发兵攻打，结果又在太和城下遭到惨败，李宓被擒，七万大军死者十之七八。至此前后战死者已达二十余万人。但阁罗凤后来还在太和城中建立《南诏德化碑》，表示叛唐非其本意，告诫臣属，后世可能还要归唐，应当把碑指给唐使者，明白我的本心。可见此事之起，最重要的原因在于唐王朝的腐败和处置不当。

西南边疆上的这一重大事件，中原地区的人当然不可能了解得很清楚，但是此事经历的时间前后达数年之久，骚扰全国，朝野震动，中原文士必然也有所知。然而在存世的一些诗文中，却是一片同仇敌忾的愤恨之词。这也可以举些作品来分析。

高適于天宝十二载作《李云南征蛮诗》，序曰：

> 天宝十一载，有诏伐西南夷，右相杨公兼节制之寄，乃奏前云南太守李宓涉海自交趾击之。道路险艰，往复数万里，盖百王所未通也。十二载四月至于长安。君子是以知庙堂使能，而李公效节，适忝斯人之旧，因赋是诗。

可知李宓前后攻打南诏两次。天宝十一载，曾从水路自交趾进攻过南诏，高適描述战争的情况，有云："鼓行天海外，转战蛮夷中，梯巘近高鸟，穿林经毒虫。……野食掘田鼠，晡餐兼僰僮，收兵列亭堠，拓地弥西东。"描写甚为具体，可知其时中原士人对于南诏的情况还是了解的。

高適在诗的开端写道：

> 圣人赫斯怒，诏伐西南戎。肃穆庙堂上，深沉节制雄。

俨然一副天朝上国的姿态。可见高適的立场，坚定地站在中央王朝一边。

储光羲作《同诸公送李云南伐蛮》诗，从开头和结尾来看，就可以发现其情绪之激烈：

昆明滨滇池，蠢尔敢逆常。天星耀铁锁，吊彼西南方。

……

邦人颂灵旗，侧听何洋洋。京观在七德，休哉我神皇。

由此可见，那些汉族文人遇到与外族发生战争时，往往不分青红皂白，就表现出强烈的仇恨情绪，高適和储光羲在鲜于仲通云南出师丧败的一两年之后，又对李宓的攻打南诏大发颂词，充分反映出这种狭隘而偏激的情绪。联系上述诸人对哥舒翰的歌颂之词，这种特点应该更易看清了。

储光羲创作此诗，题曰“同诸公”，可见一起创作同类诗歌的人不少。因为这是同一文化背景下培养出来的士人共有的情绪，亦可推知这些没有流传下来的诗歌内容相同，词汇也有相同处，只是技巧水平有高下之分罢了。

对待南诏问题，李白又表现出了强烈的个人特点。他对唐王朝的攻打南诏而带给广大人民的苦难，深表同情，多次声讨这场不义之战。

他在《古风》其三十四中说：

羽檄如流星，虎符合专城。喧呼救边急，群鸟皆夜鸣。
白日曜紫微，三公运权衡。天地皆得一，澹然四海清。
借问此何为，答言楚征兵。渡泸及五月，将赴云南征。
怯卒非战士，炎方难远行。长号别严亲，日月惨光晶。

泣尽继以血，心摧两无声。困兽当猛虎，穷鱼饵奔鲸。
千去不一回，投躯岂全生？如何舞干戚，一使有苗平！

他在《书怀赠南陵常赞府》诗中，抒发了同样的情怀：

云南五月中，频丧渡泸师。毒草杀汉马，张兵夺秦旗。至今西二河，流血拥僵尸。将无七擒略，鲁女惜园葵。

李白对征南诏之役持批判的态度，这与同时的文士截然不同，与上述诸人的诗作相比较，不难看出其特异之处。他在诗中也没有什么丑化南诏的词语，甚至连大家习惯用的“蛮”字也不出现。李白的这一特点，除了与他出身胡化家庭因而具有不同的文化背景有关外，还应与其早年生活在蜀地接受到南蛮文化的影响有关。

李白无“夷夏之防”的观念

通过上述三项历史事件，可知李白考察民族纠纷时颇有其与众不同的个人特点。这就是：众人反对安史之乱，他也反对安史之乱；众人对石堡城之战和云南战事持支持的态度，李白则持反对的态度。可知他既反对外族的扰乱华夏，也反对中央政权的对外扩张，进行残民的战争。

自唐初至玄宗执政的前期，已有上百年的历史，唐王朝的声威远播各方，但也埋伏着衰败的各种因子。其时的许多文人，却仍然沉溺在一统天下的美景之中。唐代文士以从军为出身正途，像高適等直接从事军旅生活的人，与主将或王朝持同一的观点，容易理解，但像王维、储光羲等本与军旅无缘的文士，这时却表现出了强烈的仇视外族的情绪，从而与李白有截然不同的表现，这当然与各人的出身、经历与所受的教育有关。一句话，李白此举说明他具有与众不同的文化背景。

《春秋》严夷夏之防。鲁成公十五年冬十有一月，叔孙侨如会晋士燮、齐高无咎、宋华元、卫孙林父、郑公子鳍、邾娄人，会吴于钟离。《公羊传》曰："曷为殊会吴？外吴也。曷为外也？《春秋》内其国而外诸夏，内诸夏而外夷狄。王者欲一乎天下，曷为以外内之辞言之？言自近者始也。"这是儒家学说中的一项重要原则，后人一直信守弗渝。《春秋繁露·王道》篇曰："亲近以来远，故未有不先近而致远者也，故内其国而外诸夏，内诸夏而外夷狄。"

后人论及边疆民族问题时，无不遵循这项原则以立论。《汉书·匈奴传论》曰："故先王度土中，立封畿，分九州，列五服，物土贡，制外内，或修刑政，或昭文德，远近之势异也。是以《春秋》内诸夏而外夷狄。"

从唐代开元、天宝时期上述诸诗人对待边疆战事的态度来看，也可将之区分出两类，王维、高適、储光羲等人所持的态度，以及表现于诗文中的言辞，都与李白不同。他们依据《春秋》以立论，以为边衅之起，乃因对方乖逆顺之理。王维《贺神兵助取石堡城表》中说："遂歼逆命之虏，果屠难拔之城。"储光羲《哥舒大夫颂德》诗中说："戎人昧正朔，我有轩辕兵。"因此他们以为唐军之攻吐蕃与南诏，乃是出师讨伐，高適《李云南征蛮诗序》曰："天宝十一载，有诏伐西南夷。"诗曰："圣人赫斯怒，诏伐西南戎。"储光羲《哥舒大夫颂德》诗曰："攻伐若振槁，孰云非神明。"均可看出这些诗人依据儒家教义而抒发的敌忾之情。

《文心雕龙·征圣》篇曰："《春秋》一字以褒贬。"上述"伐"字，就体现出了《春秋》大义。

《春秋》庄公三十年"齐人伐山戎"，《公羊传》："此盖战也。何以不言战？《春秋》敌者言战，桓公之与戎狄，驱之尔。"这里是说齐桓公与山戎不能并列，所以用一“伐”字。《春秋繁露·精华》篇曰：“《春秋》慎辞，谨于明伦等物者也。是故有小夷言伐不言战。”高適等人这里也贬吐蕃、南诏为“小夷”，体现出大汉族主义的骄横情绪。

儒家的夷夏观念，在历史上所起的作用，不是几句话就说得清楚的。一般说来，儒家中人更为重视文化问题，并不纯从种族血统等方面区分夷夏。如果华夏中人的行为违反了伦理，儒家中人也视之为夷狄，而边疆民族中人能按伦理办事，则也视为同类。但华夏地区与边疆民族的社会发展阶段往往并不一致，而各地的习俗也往往呈现出差异。假如边疆上某些文化水平较低的民族进犯中央王朝管辖地区，那汉族文人常是采取激烈的抗拒态度，为维护或挽救正统王朝的命脉而抗争，然而民族之间的纠纷往往一时难分清是非，而汉族文人常是激于片面的情况介绍，加以大汉族主义的优越感，这时便往往在儒家夷夏观念的激励下，作出种种偏激的反应。

在王维、高適、储光羲等人的笔下，使用了很多污辱边疆民族的言词。如上所云，高適《自武威赴临洮谒大夫不及因书即事寄河西陇右幕下诸公》诗有“俘囚驱面缚，长幼随巅毛。毡裘何蒙茸，血食本膻臊”之句。《同李员外贺哥舒大夫破九曲之作》有“泉喷诸戎血，风驱死虏魂。头飞攒万戟，面缚聚辕门”之句。这类边塞诗中，虽然亢扬着从军诗人的激奋情绪，却使用了很多从生活方式上蔑视对方的言词。①

储光羲与王维友善，后代有归之于田园诗人一派者，施补华《岘佣说诗》曰：“储光羲《田家》诸作，真朴处胜于摩诘。”然而他在上述有关边疆战事的诗歌中，其情绪之激昂，措辞之激烈，都可列为诸人之冠。例如

① 《论语·宪问》记孔子评管仲曰：“微管仲，吾其被发左衽矣。”也对北方边疆民族的发式服饰表示异议。因为儒家向视服饰为礼制的一部分。后代文士反对异族时，也就往往从服饰方面着眼，而表达其夷夏之辨的感情。

上述《同诸公送李云南伐蛮》诗中的一些词句，不妨重新引用一下：

> 昆明滨滇池，蠢尔敢逆常。天星耀铁锧，吊彼西南方。
> ……
> 邦人颂灵旗，侧听何洋洋。京观在七德，休哉我神皇。

按"蠢尔"一词，出于《诗经·小雅·采芑》。《采芑》一诗，记叙周宣王命方叔南征之事，有云"蠢尔蛮荆，大邦为仇。方叔元老，克壮其犹。方叔率止，执讯获丑。""京观"一词，出于《左传》宣公十二年邲之战，楚人大败晋人，"而收晋尸以为京观"，杜预注："积尸封土其上，谓之京观。"这也是战胜者夸耀战功、羞辱对方的一种措施。储光羲用这些词汇来表达他同仇敌忾的情绪，中间还说："封豕骤跧伏，巨象遥披攘，回豁深天渊，揭厉逾舟梁，玄武扫孤蜮，蛟龙除方良。雷霆随神兵，硼磕动穹苍。斩伐若草木，系缧同犬羊，余丑隐弭河，啁啾乱行藏。"几乎是从头到尾使用了丑化边疆少数民族的语言，这更表现出他狭隘的仇视外族的心理。

为什么储光羲在南诏战事上有更为突出的表现呢？这也应当与他熟习儒家经典教义有关。

在盛唐诗人中，储光羲的儒学修养或可列入上乘，殷璠《河岳英灵集》卷中叙储氏著作曰："璠尝睹公《正论》十五卷，《九经外义疏》二十卷[①]，言博理当，实可谓经国之大才。"可知储光羲其人，不同于一般只能吟诗作赋的文士。他在经学方面有著作，因此能熟练地驱使经典中的典故和文字，那些表现正统观点和丑化外族的词汇，摇笔即来。储诗之有上述异乎寻常的特点，也就可以理解了。

---

① 《唐诗纪事》卷二二引作《九经分义疏》。

通过对上述几位诗人的作品的比较，可知基于儒家夷夏之辨而出现的“尊王攘夷”思想，与各人的儒家修养成正比。各家为大汉族主义的情绪所驱使，在对待边疆纷争时往往丧失理性的分析，而对事件本身往往不能作出客观的考察。

在李白的作品中，就看不到这种偏激的情绪，对于石堡城之战和云南的战事，他持批判态度，矛头指向势要人物给广大人民带来的灾难，没有什么污蔑对方的言词，这是异乎寻常的思路。所以如此，看来只能用李白其人具有不同于其他汉族文人的文化背景来作出解释。而他受儒家的影响较小，并不遵循儒家的教义以行事，或用以判断是非，这也是他有别于其他人的重要原因之一。

也许有人会从李白的诗文中找到一些仇视“胡人”的字句，例如《胡无人》中的描写即是。言词最为激烈的，或许要以《送外甥郑灌从军三首》为最甚，其词曰：

六博争雄好彩来，金盘一掷万人开。
丈夫赌命报天子，当斩胡头衣锦回。

丈八蛇矛出陇西，弯孤拂箭白猿啼。
破胡必用龙韬策，积甲应将熊耳齐。

月蚀西方破敌时，及瓜归日未应迟。
斩胡血变黄河水，枭首当悬白鹊旗。

根据专家的研究，此诗与《胡无人》一样，都写在安史乱中。诗中发泄了对乱军的仇恨，不能以此作为仇视边疆民族的例证。

李白喜游侠而不喜从军

李白好游侠，这是人人知道的事，当时人就有明确的记载。魏颢《李翰林集序》曰："少任侠，手刃数人。"刘全白《唐故翰林学士李君碣记》曰："少任侠，不事产业，名闻京师。"这种作风贯彻他的一生。

李白在很多诗歌中歌颂游侠儿的豪迈不羁，但分析其内容，可知他的歌颂对象，大都是历史上的豪杰，例如《侠客行》中歌颂朱亥、侯嬴，《结袜子》中歌颂高渐离、专诸等均是。他常是用乐府的形式抒发这方面的感情。由于乐府诗有承袭的传统，李白所抒发的感情也常是少见个人的独特感想。

战国时期的一些游侠，慷慨激烈，所作所为，确非常人能及。司马迁《史记》辟有《游侠列传》一门，经过他的生花妙笔，更把这些人的壮举描写得光彩四溢。李白性好任侠，歌颂这些历史人物，也是理所必至。但李白的感情只沉溺于前代，则又似与时代有所悬隔。

唐代是文治武功至为辉煌的时代，自从唐初抗击突厥始，直到开元、天宝之时，边境战争常起，并且不断取得胜利，这对不求文学进身而又想建功立业的人来说，从军边塞，自然是一条很好的出路。高适出任哥舒翰的掌书记，杜甫在《送高三十五书记十五韵》中说："十年出幕府，自可持旌麾。此行既特达，足以慰所思。"其时许多著名诗人，如岑参、王昌龄、王维等，都有边塞生活的记录。

边塞的军队中吸引了众多的游侠儿。高适《送浑将军出塞》诗曰：

塞上应多侠少年，关西不见春杨柳。
从军借问所从谁，击剑酣歌当此时。

孟浩然《凉州词》其二：

异方之乐令人悲，羌笛胡笳不用吹。
坐看今夜关山月，思杀边城游侠儿。

王昌龄《塞下曲》其一：

从来幽并客，皆共尘沙老。莫学游侠儿，矜夸紫骝好。

移用王诗的评价来看，李白的游侠之风就是停留在锦衣大马偏于个人纵乐的一类，而不是那种寄身锋镝立功边塞的壮士。

就像岑参这样一位"三代相家"之后，具有典型文士风格的诗人，从军边塞之后，也对自己的身份转变感到欣喜，《北庭西郊候封大夫受降回军献上》曰：

何幸一书生，忽蒙国士知。侧身佐戎幕，敛衽事边陲。
自逐定远侯，亦着短后衣。近来能走马，不弱并州儿。

奇怪的是，素重游侠的李白却只停留在"矜夸紫骝好"的阶段，而不想从军边陲。如把这一特点和他反对边疆战争的立场联系起来，那就更可看出李白的个人特点了。

李白在《行行且游猎篇》中说：

边城儿，生年不读一字书，但知游猎夸轻趫。
胡马秋肥宜白草，骑来蹑影何矜骄。
金鞭拂雪挥鸣鞘，半酣呼鹰出远郊。

弓弯满月不虚发，双鸧迸落连飞髇。
海边观者皆辟易，猛气英风振沙碛。
儒生不及游侠人，白首下帷复何益！

这里只是泛泛地抒发豪气，而无从事拓边战争之意。他在《白马篇》中说：

龙马花雪毛，金鞍五陵豪。秋霜切玉剑，落日明珠袍。
斗鸡事万乘，轩盖一何高？弓摧南山虎，手接太行猱。
酒后竞风采，三杯弄宝刀。杀人如剪草，剧孟同游遨。
发愤去函谷，从军向临洮。叱咤经百战，匈奴尽奔逃。
归来使酒气，未肯拜萧曹。羞入原宪室，荒径隐蓬蒿。

情况与上类同，此诗没有什么现实的内容。他在《塞下曲》其一中说：

五月天山雪，无花只有寒。笛中闻《折柳》，春色未曾看。
晓战随金鼓，宵眠抱玉鞍。愿将腰下剑，直为斩楼兰。

这里虽说是希图立功边塞，实际上只是追慕傅介子之为人，而与从军拓边或抗战御敌的内容不同。

李白好游侠而不从军边塞，这种有违时尚的动向，恐怕只能归结于他少长边塞，与边疆民族有着千丝万缕的联系这一特殊的原因中去探寻。

总的说来，李白追求的是边疆平静无事，各族之间和好相处。他对开元、天宝时期边疆战争的看法，反映在一首乐府诗中，《战城南》曰：

去年战，桑干源；今年战，葱河道。
洗兵条支海上波，放马天山雪中草。
万里长征战，三军尽衰老。
匈奴以杀戮为耕作，古来惟见白骨黄沙田。
秦家筑城备胡处，汉家还有烽火燃。
烽火燃不息，征战无已时。
野战格斗死，败马号鸣向天悲。
乌鸢啄人肠，衔飞上挂枯树枝。
士卒涂草莽，将军空尔为。
乃知兵者是凶器，圣人不得已而用之。

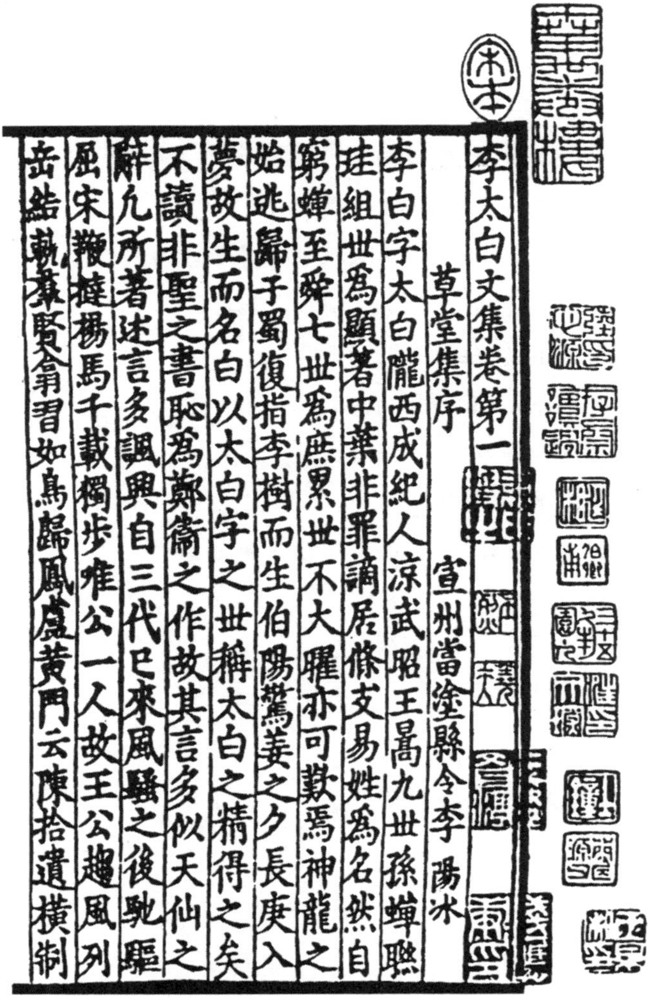
李太白文集卷第一
草堂集序　　宣州當塗縣令李陽冰
李白字太白隴西成紀人凉武昭王暠九世孫蟬聯珪組世爲顯著中葉非罪謫居條支易姓爲名然自窮蟬至舜七世爲庶累世不大曜亦可歎焉神龍之始逃歸于蜀復指李樹而生伯陽驚姜之夕長庚入夢故生而名白以太白字之世稱太白之精得之矣不讀非聖之書恥爲鄭衛之作故其言多似天仙之辭凡所著述言多諷興自三代巳來風騷之後馳驅屈宋鞭撻揚馬千載獨步唯公一人故王公趨風列岳結軌羣賢翕習如鳥歸鳳盧黄門云陳拾遺横制

李太白文集

（南宋刻本。原藏皕宋楼，后归日本静嘉堂文库）

五、侠士风概

——李白的纵横游侠之风与蜀地区域文化的内在联系

李白终身仰慕纵横家的为人，喜好纵横之术，在唐代诗人中，可称绝无仅有。

李白重游侠，所作所为，与同时的诗人截然不同，也是极为罕见的事。

这些特点，在他青年时代即已形成。看来蜀地的区域文化在形成李白的独特个性时起过重大的熔铸作用。

纵横家的寥落与再现

研究李白的学者一致指出，李白深受纵横家的影响。在李白的作品中，就曾再而三地提到纵横家的事迹，而在他的向慕对象中，就有鲁仲连其人。据专家统计，李白“诗文中出现的战国人物——包括策士、谋臣、君主、卿相、门客、侠士——多矣！出现次数最多也是他最倾倒的，则是鲁仲连。共见于十九首诗文”①。在他早期漫游四方时，就在《五月东鲁行答汶上翁》诗中说：“我以一箭书，能取聊城功。终然不受赏，羞与时人同。”而他在从永王璘于九江，作《在水军宴赠幕府诸侍御》诗时，则曰：“所冀旄头灭，功成追鲁连。”其后永王璘兵败，李白遭到流放，步入他人生旅途的最后阶段时，还在《江夏寄汉阳辅录事》诗

---

① 裴斐《李白与历史人物（上）》，载《文学遗产》1990年第3期。

中说："君草陈琳檄，我书鲁连箭；报国有壮心，龙颜不回眷。"可见他一生都以鲁仲连的业绩为追慕的目标。

鲁仲连其人，史书上留下的事迹不多，仅在《战国策》及据之立传的《史记》中有所记载，这主要表现在说服辛垣衍不帝秦与助齐下聊城修书遗燕将二事上。从大处来看，此人致力于排难解纷，能出奇谋立回天之功，而又义不辱节，功成身退。若与苏秦、张仪之流热衷富贵荣禄而仅以权谋见长者相比，鲁仲连秉性高洁，迥异时流，确是纵横家中的杰出人物。

战国时期前后长达百年之久。是时周室王纲解纽，散布在中国各地区的政治力量进行着反复的较量，智术之士纷纷提出各种攻夺整治天下的学说，由是在我国学术史上出现了百家争鸣的黄金时代。后人加以总结，提出了"九流十家"之说，其中就有"纵横家"一家。班固在《汉书·艺文志》中著录了"纵横十二家、百七篇"，其中恰是没有鲁仲连的著作。可见李白对纵横家的好感，主要是对其中一些突出人物的品格和业绩表示歆慕。

从目录学的角度考察，可以看到这样一种现象，即九流十家在后世的发展很不平衡，其中最为萧条的，就要算到纵横家了。《汉书·艺文志》中的那些著作，到了《隋书·经籍志》中时，均已荡然无存。《隋书》著录存世著作，只有《鬼谷子》三卷；而《隋书》对纵横家所下的评语，则与《汉书·艺文志》中的评语相似，曰："纵横者，所以明辩说，善辞令，以通上下之志者也。《汉书》以为本出行人之官，受命出疆，临事而制。……佞人为之，则便辞利口，倾危变诈。至于贼害忠信，覆邦乱家。"可知这一学派的声誉一直很差。从汉代的著名史家班固起，到唐初的开国名臣魏徵等人，都对纵横家中人物持菲薄的态度。

作为一个学派，纵横家并无固定的宗旨，不像儒、墨、道、法等学派那样，对政治、社会与人生有明确的主张与系统的论述。纵横家所着眼的，主要是政治，但对开创怎样的政局，形成怎样的一种体制，却无明确的主张。他们只着眼于玩弄权术，纵横捭阖，利用混乱的时势，从中谋取私利。这一学派中人既无共同的学术思想，也不拘守某种学说而行事。所以纵横家的一些代表，与其他学派中的代表比较，其品格之高下，是不能相比的。① 在这一流派中势难产生杰出的思想家来。

《汉书·艺文志》中的纵横家著作，没有一篇流传下来，因而无法寻求其内容。《战国策》中记载了许多纵横家的事迹，也没有提到他们学习过哪些基本著作，只是《秦策一》中叙苏秦游说失败，遭到家人的鄙视，"乃夜发书，陈箧数十，得《太公阴符》之谋，伏而诵之，简练以为揣摩"，但此书的性质怎样，后人也难明白。②《史记·苏秦列传》转录此事，作《周书阴符》，但对这一文献的性质也无所说明。

《苏秦列传》开端说到他曾"习之于鬼谷先生"，于是后代又有人把鬼谷子列为纵横家的始祖，而《史记·张仪列传》上也说他"始尝与苏秦俱事鬼谷先生"。既然此人教育出了苏、张这两位显赫一时的纵横家的代表人物，那么鬼谷子之作为该学派的始祖，犹如孔子之于儒家，老子之于道家，当是无可置疑的了。

依此推论，《鬼谷子》一书，当如《论语》《老子》一样，不管是他本人自著，还是学生的记录，当是纵横家的代表著作无疑。

传说中苏秦既有这么一位老师，后人自然又会想到《周书阴符》当是《鬼谷子》一书的别名了。因为《战国策》中有"简练以为揣摩"之语，所以《史记》裴骃《集解》即说"《鬼谷子》有《揣摩篇》也"。司马贞《索隐》则引王劭之说进而指出"《揣情》《摩意》是《鬼谷》之二章名，非为一

① 参看拙著《韩非子札记》中《韩非对纵横家的批判》，江苏人民出版社 1980 年版。

② 《崇文总目辑释》卷三录《集注阴符经》一卷，钱绎引原释曰："太公之书，世远不传，张良本传不云著书，二说疑后人假托云。"粤雅堂丛书本。

篇也”。这样似乎也就证实了苏秦研习的确是其师鬼谷子的著作。

但查《汉书·艺文志》，纵横家的著作中并无《鬼谷子》这书。《隋书·经籍志》始见著录，云“《鬼谷子》三卷，皇甫谧注。鬼谷子，周世隐于鬼谷”。又“《鬼谷子》三卷，乐一注”。

乐一其人，情况不明，《旧唐书·经籍志》与《新唐书·艺文志》均著录“乐台《鬼谷子》三卷”，乐台（臺）当是乐一（壹）之误。《史记·苏秦列传》于鬼谷先生名下，司马贞《索隐》引乐一注《鬼谷子》书云“苏秦欲神秘其道，故假名鬼谷”。则是二者之间是否有师承关系，鬼谷子有无著作，在早期注释《鬼谷子》的专家中，就产生过疑问。

又据当代学者的考证，苏秦、张仪二人前后不同时，①很难同事一师。因此纵横家中的宗师鬼谷先生，历史上有无其人，还有疑问。流传后世的《鬼谷子》一书，很难认为是先秦典籍。它的内容，也不宜作为纵横家的宗旨来看待。

《汉书·艺文志》于纵横家中首列《苏秦》三十一篇，后代书目中无记载，不知内容如何？1973年长沙马王堆汉墓中出土了一份记载战国纵横家说辞的帛书，共二十七章，内中十四章记苏秦或苏氏兄弟的说辞与事迹，有的专家认为就是《苏秦书》的部分篇章。② 由此可知，纵横家的著作着重记叙这一学派中代表人物的说词，作为扩大眼界、锻炼口才的参考。这一情况，与《战国策》中的记载相参照，可知这份帛

---

① 参看徐中舒《论〈战国策〉的编写及有关苏秦诸问题》，载《历史研究》1964年第1期。唐兰《司马迁所没有见过的珍贵史料——长沙马王堆帛书〈战国纵横家书〉》、杨宽《马王堆帛书〈战国纵横家书〉的史料价值》二文，附于《战国纵横家书（马王堆汉墓帛书）》之后，文物出版社1976年版。

② 例如褚祖耿即持此说，见其《关于马王堆汉墓帛书类似〈战国策〉部分的名称问题》一文，载《南京师院学报》1978年第4期。褚氏认为这些文字应正名曰《汉墓苏秦法书说存卷二十七章》。

书取名《战国纵横家书》，还是合适的。

《郡斋读书志》卷三上“纵横家类”中录《鬼谷子》三卷，晁公武引柳宗元曰：“刘向、班固录书无《鬼谷子》。《鬼谷子》后出，而险盭峭薄，恐其言妄，乱世难信。尤者，晚乃益出《七术》，怪谬异甚，言益隘，使人猖狂失守。”又引来鹄曰：“《鬼谷子》昔教人诡绐激讦、揣测憸滑之术，悉备于章。”可见此书只是授人阴谋权术，柳、来二人极力诋斥，代表了唐人对纵横家的认识。

情况表明，从汉代至唐初，纵横家的著作极为寥落，即以仅见的《鬼谷子》而言，也是藏头露尾，不敢明白宣示作者的身份，以致年代不明，传授系统不清。看来这书与先秦、汉初同一学派著作的宗旨不甚相合。即此可知，纵横家的传统可说早已中断，因此从汉代之后，历史上已不再出现这类人物。

但到开元、天宝时，蜀地却又出现了赵蕤的《长短经》一书。《新唐书·艺文志》录之于杂家类，云“赵蕤《长短要术》十卷。字太宾，梓州人。开元，召之不赴”。这是一种奇特的现象，赵蕤的为人和这一部书又有很多问题可以提出讨论。

赵蕤其人，新、旧《唐书》无传。孙光宪《北梦琐言》卷五曰：“赵蕤者，梓州盐亭县人也。博学韬钤，长于经世。夫妇俱有节操，不受交辟。撰《长短经》十卷，王霸之道，见行于世。”可见《长短要术》即《长短经》。

从“长短”一词来说，此书当然是讲纵横之术的，内容也当与《苏秦》书中的记载有相通之处，但欧阳修等人为什么要把此书移之于“杂家”中去呢？

赵蕤此书一称《儒门经济长短经》，明言崇奉儒门宗旨，但原序中又言治世必须“随时设教”，不能处乱世而“宪章先王，广陈德化”“恐儒者溺于所闻，不知王霸殊略，故叙以长短术，以经纶通变者。创立题目，总六十有三篇，合为十卷，名曰《长短经》”。可知此书内容甚为驳杂，已与儒家宗旨睽违颇远。《四库全书简明目录》卷十三为之作提要时说：“其源出于纵横家，主于因时制变，综核事功，不免于杂霸之学。”所以《新唐书·艺文志》中将之归入“杂家”的吧。

这里可能还有一个原则问题引起了目录学家的注意。因为不论是战国时期的《苏子》《张子》等书，还是汉代的《蒯子》《邹阳》等书，对当时的纵横家及其后学来说，都有其实用意义；学习这些书中的说词，可以提高他们纵横活动中的应变能力和辞令水平。开元时期，社会上已无纵横家在活动，《长短要术》一书，没有什么实用意义。赵书的内容偏于总结历史上纵横家的经验教训，虽然讨论的是王霸大略，实际上是书斋中的产物。这类学术著作，与前代独标宗旨、旨在救世的“九流十家”著作性质有别，所以欧阳修等人将之重新归类的吧。

再以作者本人来说，赵蕤虽然注重王霸之道，按理来说应当积极用世，然而朝廷征辟之时他却“召之不赴”，仍然过着隐居的生活。可见他的钻研纵横之术，纯属出于学术研究的动机。或许他审时度势的结果，认为开元前后正是天下太平之时，缺乏施展纵横之术的条件，因而甘心缄默的吧。

纵横之术产生于乱世，只有天下分崩之时，才有可能出现一批奔走于割据地区从事纵横捭阖的人物，也才有可能产生纵横家类的著作。只是战国之后，虽然多次出现过天下大乱的局面，但自汉初之后，已经缺乏产生纵横家的条件。从具体人物来说，诸葛亮的《隆中对》，应该说是三国时期纵横家的一篇绝妙说辞，但后起的政治活动家总要在儒、道、法等治国方略上有所建树，纯以纵横说辞名世已经不足鼓动人主，所以后世不再可能出现纵横家，也不再可能出现纵横家的著作。蜀地因其文化背景特殊之故，纵横家的传统仍然在起作用，到了唐代，还产生了这么一部《长短要术》，而它又不出现在隋唐之际纷纭扰攘的乱世，而是出现在天下太平的开元盛世。这一情况说明：蜀地的发展，包括其文化的进展，比之中原地区，它的节奏总要慢上半拍。

杀人不偿命的地区

纵横家和游侠本是各不相谋的，但到汉代之后，二者开始结合，喜好纵横的人，每每也有任侠的作风。《史记·司马相如列传》："司马相如者，蜀郡成都人也，字长卿。少时好读书，学击剑，故其亲名之曰犬子。相如既学，慕蔺相如之为人，更名相如。"司马贞《索隐》引《吕氏春秋·剑伎》曰："持短入长，倏忽纵横之术也。"自此之后，蜀地也就逐渐形成了一种纵横游士和行侠仗义相结合的传统。

卢藏用《陈氏别传》曰："子昂奇杰过人，姿状岳立。始以豪家子，驰侠使气，至年十七八未知书。"[①]陈子昂在《赠严仓曹乞推命禄》中也说："少学纵横术，游楚复游燕。"体现了蜀地文士兼综纵横之术和游侠风概于一身的特点。

《唐诗纪事》卷十八引东蜀杨天惠《彰明逸事》叙李白早年在蜀时事曰："隐居戴天大匡山，往来旁郡，依潼江赵征君蕤。蕤亦节士，任侠有气，善为纵横学，著书号《长短经》。太白从学岁余。"这段历史，对李白思想作风的形成当有直接的影响。

李白的任侠之风，在当时人的记载中，在他自己的诗篇里，都有记叙。刘全白《唐故翰林学士李君碣记》曰："少任侠，不事产业，名闻京师。"李白在《结袜子》诗中则曰："燕南壮士吴门豪，筑中置铅鱼隐刀。感君恩重许君命，太山一掷轻鸿毛。"可见他对古时的豪杰专诸、高渐离等人评价甚高，历史上的侠义之士，也是他心目中的向慕对象。

---

① 载《陈子昂集》附录，中华书局上海编辑所 1960 年刊徐鹏校本。

李白还曾对年轻时期的豪侠作风作过自我介绍,《叙旧赠江阳宰陆调》诗中说:

风流少年时,京洛事游遨。腰间延陵剑,①玉带明珠袍。
我昔斗鸡徒,连延五陵豪。邀遮相组织,呵吓来煎熬。
君开万丛人,鞍马皆辟易。告急清宪台,脱余北门厄。

李白的这种经历,也是其他文人没有遇到过的。因为他与京城中的流氓集团发生了冲突,几遭不测。这些五陵少年,有北门禁军作后台,看来李白还被他们拘执于军中,因而引以为"耻"。幸亏陆调以监察官的身份将他营救出来。这一事件的前因后果不清楚,但可了解李白游侠活动的内容,并非全是排难解纷、风骨凛然的高义行动,他的任侠,已经带有唐代豪士的特点,如豪奢逸乐、纵酒狎妓、斗殴杀人等等。

李白《留别广陵诸公》诗曰:"金羁络骏马,锦带横龙泉。"说明他平时的装束,就规仿侠士。但这或许还是唐代文士常见的装束。仗剑出游,表示他们有尚武的一面。不过李白时而袖藏匕首,这就像是专为斗殴杀人而准备的凶器,近于刺客了。

崔宗之《赠李十二》诗曰:

袖有匕首剑,怀中茂陵书。双眸光照人,词赋凌《子虚》。

---

① 王琦注曰:"一本自'腰间延陵剑'以下作'骖骡红阳燕,玉剑明珠袍。一诺许他人,千金双错刀。满堂青云士,望美期丹霄。我昔北门厄,摧如一枝篙。有虎挟鸡徒,连延五陵豪。邀遮来组织,呵吓相煎熬。君披万人丛,脱我如狴牢。此耻竟未刷,且食绥山桃。'"瞿蜕园、朱金城《李白集校注》曰:"王注所云,即两宋本、缪本注语。"

李白是真杀过人的，他还为此而感到自豪。魏颢《李翰林集序》曰："少任侠，手刃数人。"这当是根据李白的自述而有此记叙的。李白在《赠从兄襄阳少府皓》诗中也说："托身白刃里，杀人红尘中。当朝揖高义，举世钦英风。"①而他在《结客少年场行》中说："笑尽一杯酒，杀人都市中。"《侠客行》中说："十步杀一人，千里不留行。"《白马行》中说："杀人如剪草，剧孟同游遨。"均以此为豪举而颂扬。

令人费解的是：唐代建国至此已有上百年之久，开元、天宝之际，社会秩序早已稳定，法制的执行不可能很疏，武后时徐元庆为父复仇，手刃仇人，《春秋》重复仇，而陈子昂议此事，以为"宜正国之法，置之以刑，然后旌其闾墓，嘉其徽烈"②。《资治通鉴》卷二一四玄宗开元二十三年载："殿中侍御史杨汪既杀张审素，更名万顷。审素二子瑝、琇皆幼，坐流岭表；寻逃归，谋伺便复仇。三月丁卯手杀万顷于都城，系表于斧，言父冤状。……议者多言二子父死非罪，稚年孝烈，能复父仇，宜加矜宥，张九龄亦欲活之。裴耀卿、李林甫以为如此，坏国法，上亦以为然，谓九龄曰：'孝子之情，义不顾死，然杀人而赦之，此涂不可启也。'……付河南府杖杀。士民皆怜之，为作哀诔，牓于衢路。市人敛钱葬之于北邙，恐万顷家发之，仍为疑冢数处。"可见其时之重国法如此。为什么李白杀人之后还能若无其事？封建社会之中，虽然非法之事常会出现，下层小民更难受到应有的保障，但唐代律令已颇完备，因而个别遭害之事容或有之，李白在"手刃数人"之后不受任何追究，原因何在？仍值得探究。

《唐律》卷八《斗讼律》曰："诸斗殴杀人者，绞。以刃，及故杀人者，

---

① 此据北京图书馆藏宋刊本、日本静嘉堂文库藏宋刊本、缪曰芑刊本《李太白文集》、玉海堂影刻宋咸淳刊本《李翰林集》、胡震亨《李诗通》，他本无此四句。

② 《复仇议状》，载《陈子昂集》卷七，中华书局上海编辑所 1960 年刊徐鹏校本。

斩。虽因斗，而用兵刃杀者，与故杀同。”《疏议》：“为人以兵刃逼己，因用兵刃拒而伤杀者，依斗法。余条用兵刃，准此。”可见唐律于此规定得很严格。李白杀人的具体情况究竟怎样，已难确说，但不管怎样，总是触犯了刑律，而他却不知刑律为何物，说明他的思想中根本没有什么法制观念。

李白“手刃数人”之事，看来发生在蜀地，不大可能发生在中原地区。西蜀边鄙，群山阻隔，中央政权的统治力量相对来说比较薄弱，法令的执行也就比较松懈，这才可能出现杀人不受惩治之事。李白这种杀人斗殴、争强好胜的作风显与他人不同，不能不引起朋辈的诧异。

杜甫生长在中原地区，与李白早年相遇，有《赠李白》诗云：

> 秋来相顾尚飘蓬，未就丹砂愧葛洪。
> 痛饮狂歌空度日，飞扬跋扈为谁雄？

这诗正好反映出了两种背景不同的区域文化中所培育出来的文士的不同观念。杜甫见到李白“飞扬跋扈”，也就提出了疑问：痛饮狂歌，空度岁月，又有什么意义？飞扬跋扈，斗殴杀人，又称什么英雄？这种疑问，怕是当时大多数的文士都会提出来的。

按古来文士向视“跋扈”为贬义词，《后汉书·梁冀传》载，汉质帝目梁冀为跋扈将军，此乃古人习知之事；“飞扬跋扈”亦为含有贬义的成语，《北齐书》卷二《神武帝纪》下，载高欢称侯景常有“飞扬跋扈”之志，《北史·齐本纪》同，当是这一成语的最早出处。杜甫自云“读书破万卷”，这些历史的往事，他不应不知，这里却用此一成语形容李白，也是以其过度放纵之故。

《通典》卷一七六《州郡六》曰：“巴蜀之人，少愁苦而轻易淫佚。……土肥沃，无凶岁，山重复，四塞险固。王政微缺，跋扈先起。”

李白作风与此相合，可见其立身行事颇富巴蜀民风的特征。杜佑此处用上“跋扈”一词形容此地的豪杰之士，这与杜甫的用语又是何等一致。

蜀地多豪强

由上可见，蜀地的情况颇为特殊。这一地区的情况有别于中原，这一地区的文士自然会有其明显的特点。

纵观其地与李白同时的一些文士，不论是外地寓此的官员，还是本地出身的人员，常是具有豪侠的作风。若将这些人的事迹合在一起综合考察，更能看清蜀地的民情风俗，这对考察李白的特殊作风，可起参照作用。

郭震（元振）出身文士。新、旧《唐书》本传记载，当他任通泉尉时，任侠使气，不以细务介意，“前后掠卖所部千余人，以遗宾客，百姓苦之”。通泉属梓州，与绵州接壤，郭元振的年代介于陈子昂、李白之间，而先后相接。他的作为异乎寻常，很难设想中原地区也会出现这一情况。所以如此，当以蜀地仍然保留着掠卖奴隶的传统与风气，因此地方官吏也成了横行不法独霸一方的豪强。

鲜于仲通也是开元、天宝时期的一位文士。[①] 他的为人，人们有不同的评价，但他的作风却也反映了蜀地文人的共通特点。他是阆州新政人。阆州属山南西道，与剑南道的梓州为邻境，其民情风俗，同样具有蜀地的特点。

通观陈子昂、鲜于仲通等豪族的情况，可以发现很多相同之点。

---

① 参看拙撰《杜甫身后的求全之毁和不虞之誉》一文中的“鲜于仲通”部分，原载《草堂》总第十期，后收入拙著《文史探微》，上海古籍出版社 1987 年版。

卢藏用《陈氏别传》曰："陈子昂，字伯玉，梓州射洪县人也。本居颍州，四世祖方庆，得墨翟秘书，隐于武东山，子孙家焉。世为豪族。父元敬，瑰玮倜傥。年二十，以豪侠闻。属乡人阻饥，一朝散万钟之粟而不求报，于是远近归之，若龟鱼之赴渊也。"

颜真卿《中散大夫京兆尹汉阳郡太守赠太子少保鲜于公神道碑》曰："〔鲜于〕匡赞生士简、士迪，并早孤，为叔父隆州刺史匡绍所育，因家于新政。士简、士迪皆魁岸英伟，以财雄巴蜀，招徕宾客，名动当时，郡中惮之，呼为'北虏'。士简生令徵，公之父也。倜傥豪杰，多奇画，尝倾万金之产，周济天下士大夫。"

可见巴蜀之地有一批从外地移居来的豪族。他们以财富雄于乡里，颇有独霸一方之势。这与其时中原地区的一些世家大族面目大异。

隋唐嬗代之际，四方豪杰并起，其时力量最为强大的，有所谓"山东豪杰""乃一胡汉杂糅，善战斗，务农业，而有组织之集团"[①]。由于历史条件的变化，时至开元、天宝之时，中原地区已无此类豪强存在，但在僻处一隅的巴蜀之地，由于交通不便，风气闭塞，社会发展缓慢，在许多家族中，却还存在着类似的豪强之风。这也是巴蜀地区的社会比之中原地区其发展的阶段总要慢上半拍的明证。

随着唐代政权建设的走上正规，社会秩序趋于稳定，巴蜀地区豪强家族的子弟也不能不注意提高自身的文化水准，藉以在政治上取得出路。陈子昂和鲜于仲通等人都经历了一个极为相似的转变阶段。卢藏用《陈氏别传》曰：

---

① 陈寅恪《论隋末唐初所谓"山东豪杰"》，载《金明馆丛稿初编》，上海古籍出版社 1980 年版。

子昂奇杰过人，姿状岳立。始以豪家子，驰侠使气，至年十七八未知书，尝从博徒。入乡学，慨然立志。因谢绝门客，专精坟典，数年之间，经史百家，罔不该览。尤善属文，雅有相如、子云之风骨。

颜真卿《中散大夫京兆尹汉阳郡太守赠太保鲜于公神道碑》曰：

公少好侠，以鹰犬射猎自娱，轻财尚气，果于然诺。年二十余，尚未知书，太常切责之。县南有离堆山，斗入嘉陵江，形胜峻绝，公乃慷慨发愤，屏弃人事，凿石构室以居焉。励精以学，至以针钩其脸，使不得睡。读书好观大略，颇工文，不好为之。开元二十年，年近四十，举乡贡进士，高第。……方及知命，始擢一第。

巴蜀地区居住着不少文化背景各异的民族。也有一些强宗豪族，是从外地迁来的胡族后裔，尽管由于年代久远的缘故，已有相当程度的汉化，但仍保持着固有的豪侠之风，他们都经历着一段学习汉族典籍进而藉此谋求进身的过程。鲜于仲通的经历有其代表意义。陈子昂的家族虽然没有什么关于胡族血统的记载，但《唐诗纪事》卷八叙陈子昂事，引《独异记》曰：

子昂初入京，不为人知。有卖胡琴者，价百万，豪贵传视，无辨者。子昂突出，谓左右曰："辇千缗市之。"众惊问，答曰："余善此乐。"皆曰："可得闻乎？"曰："明日可集宣阳里。"如期偕往，则酒肴毕具，置胡琴于前。食毕，捧琴语曰："蜀人陈子昂有文百轴，驰走京毂，碌碌尘土，不为人知。此乐贱工之役，岂宜留心？"举而碎之，以其文轴遍赠会者。一日之内，声华溢郡。①

从这有趣的轶闻中，透露出一丝消息，陈子昂其人与胡族文化也有关系，这与他"驰侠使气"的作风也是一致的。

李白家族与陈氏、鲜于氏的情况相比也有类似的地方。李白之父从西域迁来，范传正《唐左拾遗翰林学士李公新墓碑并序》上说："父客以逋其邑，遂以客为名。高卧云林，不求禄仕。"说明他汉化未深，还没有具备进入士大夫行列的条件，但家财富厚，已成僻处一隅的富豪。李白《上安州裴长史书》上说："昔与逸人东严子隐于岷山之阳。白巢居数年，不迹城市。养奇禽千计，呼皆就掌取食，了无惊猜。"这种作风，在中原地区的文士中是见不到的。而他这种闲逸的生活，如无财力为后盾，则是无法实现的。其后他又说到"曩昔东游维扬，不逾一年，散金三十余万，有落魄公子，悉皆济之。"如无巨大的财力，则其轻财好施也是无法做到的。

综上所言，李白在弱冠时"手刃数人"而不被追究，不受惩治，除了说明蜀地法网疏漏，异于中原地区外，也可说明他家本是地方上的豪强——一户从远方胡地迁来的豪强。

李白也有折节读书的过程。他在接受汉族传统文化时有异于其时一般文士的经历，并不在经史上下功夫。他顺情而动，喜任侠，学纵横术，走着与陈氏、鲜于氏相似而又有其异点的道路。比之鲜于家族，李客入居蜀地的时间要短得多，昌隆县又僻在一隅，处在群山阻隔而又接近西南其他民族的边壤，这些不同于上述诸人的特点，当对李白的成长也有影响。

---

① 按《独异记》当为《独异志》之误。《太平广记》卷一七九引《独异志》，即此文，而叙事为详。《唐诗纪事》引文有节录。

蜀地区域文化的特点

近人有称四川一地的文化为“盆地文化”者。这是从四川一地的地形着眼，而论证其文化特点的。

众所周知，四川的东、西、南、北四方都有高山阻隔，交通极为不便，李白的《蜀道难》一诗之所以激动人心，正以其笔墨传神，道出了此地艰险的地形特点。这在古代来说，自然条件的限制，更易阻隔与外界的联系，从而显示其自成一体的文化特征。居住蜀地的人，与中原地区的人相较，往往具有鲜明的文化上的特点。

《隋书》卷二九《地理志上》叙及蜀地时曰：

> 蜀郡、临邛、眉山、隆山、资阳、泸川、巴东、遂宁、巴西、新城、金山、普安、犍为、越嶲、牂柯、黔安，得蜀之旧域。其地四塞、山川重阻，水陆所凑，货殖所萃，盖一都之会也。……其边野富人，多规固山泽，以财物雄役夷獠，故轻为奸藏，权倾州县。此亦其旧俗乎？又有獽狿蛮賨，其居处风俗，衣服饮食，颇同于獠，而亦与蜀人相类。

这里介绍的情况，后代仍然如此。而在唐代之前，历经战乱，曾有好几个民族建立过政权，四周还有多种民族杂居，这些都给蜀地的民风染上了特殊的色彩。

俗谚曰：“天下未乱蜀先乱，天下已平蜀未平。”这些话的内涵是：蜀地的情况与全国相比，具有相对的独立性。从根本上来说，蜀地早已融入大一统的政局，因此它的政情已与全国的形势保持着一致，但由于它局处一隅，与全国的联系相对来说不太紧密，因此其发展的节奏要比中原地区的形势迟缓。或许由于此地的阶级、民族矛盾更为复杂，而在这封闭型的地区内积累时更少疏解的条件与机会，因此每当全国的政权出现危机之时，此地的矛盾总是先爆发出来，酿成祸乱；而当全国范围内矛盾缓解，出现新一轮的安定局面时，蜀地却还仍然陷于旧时的矛盾之中，还要等待一段时期才能与全国形势趋于一致。这项历史经验，是古人对蜀地的历史作了深入考察后得出的结论，值得深入体察。

如上所言：蜀地的历史进程，比起中原地区来总要慢上半拍。这也就是说，中原地区已经进入新的发展时期时，蜀地则还常是停留在前一阶段，蜀地的文士，其学术思想、文化观念，还是热衷于前一时期的文士参与的活动。

例如今文经学，本是西汉时期的官方学术，文士可由此进入仕途，故不论在朝在野，均曾取得独尊的地位。东汉时期，古文经学兴起，出现了马融、郑玄等著名经师，今文经学开始衰落。但在蜀地，却仍沿袭先时的传统，今文经学一直占有显要地位，《三国志·蜀书·尹默传》曰“益部多载经文而不崇章句”，其后也就形成了蜀地的地方之学与家族之学。① 又如与今文经学密切相关的谶纬之学，盛行于东汉时期，但到魏晋之后，各个时期的一些帝王出于防范他人利用谶纬进行政治活动，危及皇权，故屡下禁令，但在蜀地，此学却长盛不衰，元稹《元氏长庆集》卷二四《乐府·胡旋女》自注：“纬书曰：僧一行尝奏玄宗曰：‘陛下行幸万里，圣祚无疆。’故天宝中岁幸洛阳，冀充盈数。及上幸蜀，至万里桥，乃叹谓左右曰：‘一行之奏其是乎？’”说明自盛唐至中唐时这一蜀地流传甚广之轶闻，亦载之纬书。

---

① 参看贾晋华《蜀文化与陈子昂、李白》，载《唐代文学研究》第三辑，广西师范大学出版社 1992 年版。

时至开元时期，天下大定之后，最后还有赵蕤的《长短经》一书出现，这也是该地区的文化有异于中原地区文化的明证。

上述种种，可知蜀地因自然条件的关系，文化上积淀的现象非常突出，这对了解唐代诗人李白的特点至关重要。

前面我们曾经提到杜甫对李白其人的观感。二人虽然友谊颇笃，但由于家庭出身、居住地区和所受教育等方面存在着很多不同，因而在思想作风上具有明显的不同特点。有关二人创作风格上的异同，也可结合他们不同的文化背景来加以分析。

有关李、杜的情况，有一种矛盾的现象值得注意。一般人的印象是：李白天才横逸，不受束缚，自然是偏于创新的人物；杜甫格律谨严，恪守绳墨，自然是偏于保守的人物。但据胡小石先生的分析，情况刚好相反，他对二者作了详细的比较后得出的结论是：

> 李守着诗的范围，杜则抉破藩篱。李用古人成意，杜用当时现事。李虽间用复笔，而好处则在单笔；杜的好处，全在排偶。李之体有选择，故古多律少；杜诗无选择，只讲变化，故律体与排偶都多。李诗声调很谐美，杜则多用拗体。李诗重意，无奇字新句，杜诗则出语警人。李尚守文学范围，杜则受散文化与历史化。从《古诗十九首》至太白作个结束，可谓成家；从子美开首，其作风一直影响至宋、明以后，可云开派。杜甫所走之路，似较李白为新阐，故历代的徒弟更多。总而言之，李白是唐代诗人复古的健将，杜甫是革命的先锋。①

情况表明，李白本身正体现了蜀文化的特点，尽管他秉受蜀地山

① 《李杜诗之比较》，载《胡小石论文集》，上海古籍出版社 1982 年版。

川的灵气，取得了杰出的成就，其天才之超卓，令人惊叹，但从文化背景方面去考察，却正体现了蜀地文化多层累与积淀的特点，与中原地区的文士有所不同。他的作为不同于杜甫等同一辈的儒生，而是体现了前代众多其他学派或其他社会阶层中奇能异才之士的特点。虽然有其灿烂多姿的一面，却并不体现社会与文化正常的发展历程，因而随后也就不见嗣响了。

六、丧葬习俗

——李白剔骨葬友的文化背景之考察

李白在日常生活中有些行为显得非常特殊，简直叫人无法理解，因为它与一般人的行为相去太远了。例如他在《上安州裴长史书》中说：

> 昔与蜀中友人吴指南同游于楚，指南死于洞庭之上，白禫服恸哭，若丧天伦，炎月伏尸，泣尽而继之以血。行路闻者，悉皆伤心。猛虎前临，坚守不动。遂权殡于湖侧，便之金陵。数年来观，筋肉尚在，白雪泣持刃，躬身洗削，裹骨徒步，负之而趋，寝兴携持，无辍身手，遂丐贷营葬于鄂城之东。①

这种旅榇权殡、剔骨迁葬的风俗，汉族中人自古至今无有所闻，但在中原地区之外的有些民族中，则有这一类的葬法在流行，我们可以根据李白此举以考察其承受的文化背景何在。

李白与蛮族的关系

文化的起源是多元的，所以古代各地的葬法颇有异同。《墨子·节葬下》曰："楚之南，有炎人国者，其亲戚死，朽其肉而弃之，然后埋其

---

① 魏颢《李翰林集序》中说："〔白〕与友自荆徂扬，路亡权窆，回棹方暑，亡友糜溃，白收其骨。"即指营葬吴指南事，二文可以互证。

骨，乃成为孝子。”《列子·汤问》篇同，唯作“歹丹其肉而弃之”，殷敬顺《释文》：“歹丹本作冎，音寡，剐肉也。”《太平御览》卷七九〇与《太平广记》卷四八〇引《博物志》，亦引炎人之国事，均作“刳其肉而弃之”。这种丧葬习俗，后代一直沿续着。《梁书》卷五二《止足·顾宪之传》曰：“齐高帝即位，除衡阳内史。……土俗，山民有病，辄云先人为祸，皆开冢剖棺，水洗枯骨，名为除祟。”《隋书》卷三一《地理志下》叙古荆州之地，多杂蛮族，风俗与诸华不同，“其死丧之纪，虽无被发袒踊，亦知号叫哭泣。始死，即出尸于中庭，不留室内。敛毕，送至山中，以十三年为限。先择吉日，改入小棺，谓之拾骨。拾骨必须女婿，蛮重女婿，故以委之。拾骨者，除肉取骨，弃小取大。”又宋代朱辅《溪蛮丛笑》中《葬堂》一节，所记亦与此相似，文曰：“死者，诸子照水内，一人背尸，以箭射地，箭落处定穴，穴中藉以木。贫则已。富者不问岁月，酿酒屠牛，呼团洞，发骨而出，易以小函。或枷崖屋，或挂大木。风霜剥落，皆置不问，名葬堂。”可见李白的葬友之法，和炎人之国的葬法类同，都要“刳其肉”而后“埋其骨”。

这种葬法，在民俗学上叫做剔骨葬，或称二次捡骨葬。

据罗开玉介绍，云南的傣族、布依族，古代都采用二次捡骨葬。仫佬族，古今都采用二次捡骨葬。壮族则在当今实行二次捡骨葬。① 又据邵献书介绍，唐代云南洱海地区由乌蛮和白蛮（白族先民）为主体民族建立的南诏，其葬仪有所不同，乌蛮实行火葬，白蛮则实行土葬，但还实行二次捡骨葬。② 由此可知，西南地区的一些民族中自古至今一直广泛地有二次捡骨葬法存在。

---

① 罗开玉《中国丧葬与文化》第三章《丧葬与民族》，海南人民出版社 1988 年版。

② 邵献书《南诏和大理国》第六章《习俗宗教》，吉林教育出版社 1990 年版。

《新唐书》卷一九一《忠义传上》有吴保安的传记，叙述吴保安与郭仲翔二人的义举，仲翔葬友之事，可与李白葬友之事互参，文曰：

吴保安字永固，魏州人。气挺特不俗。睿宗时，姚、巂蛮叛，拜李蒙为姚州都督，宰相郭元振以弟之子仲翔托蒙，蒙表为判官。时保安罢义安尉，未得调，以仲翔里人也，不介而见曰："愿因子得事李将军可乎？"仲翔虽无雅故，哀其穷，力荐之。蒙表掌书记。保安后往，蒙已深入，与蛮战没，仲翔被执。蛮之俘华人，必厚责财，乃肯赎。闻仲翔贵胄也，求千缣。会元振物故，保安留巂州，营赎仲翔，苦无赀。乃力居货十年，得缣七百。妻子客遂州，间关求保安所在，困姚州不能进。都督杨安居知状，异其故，资以行，求保安得之。引与语曰："子弃家急朋友之患至是乎！吾请贷官赀助子之乏。"保安大喜，即委缣于蛮，得仲翔以归。……〔仲翔〕久乃调蔚州录事参军，以优迁代州户曹。母丧，服除，喟曰："吾赖吴公生吾死，今亲殁，可行其志。"乃求保安。于时，保安以彭山丞客死，其妻亦没，丧不克归。仲翔为服缞绖，囊其骨，徒跣负之，归葬魏州，庐墓三年乃去。

这事原出牛肃《纪闻》（《纪闻》今佚，此据《太平广记》卷一六六《吴保安》条所引），叙述至详，今节引郭仲翔归葬吴保安事于下：

……乃曰："吾赖吴公见赎，故能拜职养亲，今亲殁服除，可以行吾志矣。"乃行求保安，而保安自方义尉选授眉州彭山丞，仲翔遂至蜀访之。保安秩满，不能归，与其妻皆卒于彼，权窆寺内。仲翔闻之，哭甚哀。因制缞麻，环经加杖，自蜀郡徒跣，哭不绝声。至彭山，设祭酹毕，乃出其骨，每节皆墨记之（原注：墨记骨节，书其次第，恐葬敛时有失之也。)，盛于练囊。又出其妻骨，亦墨记，贮于竹笼，而徒跣亲负之。徒行数千里，至魏郡。

唐代前期，南诏社会处于奴隶制阶段。《纪闻》中叙郭仲翔被俘为奴，受到种种非人的虐待，以及多次"转鬻远酋"等情节，直可作为了解南诏社会及其前此阶段的实际情况的最佳史料看待。而郭仲翔为吴保安行二次捡骨葬，牛肃的记叙具体细致，也可作为了解该地民俗的最佳史料看待。

牛肃为玄宗时人，①记载时事，应当真实可信，②故汪辟疆先生《唐人小说》收有此篇，并加按语云："吴保安事，盛传于时，此传当为实录。"

这一件事，发生在李白的童年时期，《新唐书》卷五《玄宗皇帝本纪》开元元年"十月，姚嶲蛮寇姚州，都督李蒙死之"。其时李白为十三岁。又吴保安殁于眉州彭山县，其地与李白居处为紧邻。李白五岁入蜀，到二十多岁离开家乡，这段时间一直住在绵州昌隆县。此地周围有多种民族杂居，南边又是所谓南蛮的地区，他曾受到南蛮文化的影响，也是很自然的。郭仲翔殁于蛮中十五年，对于蛮族的习俗，自然濡染至深，这时又到蛮俗所及的地区迎友之丧，也就采取二次捡骨葬法，囊骨而归了。李白生在蛮族文化所及的地区，早年的感受影响至深，

① 参看卞孝萱《〈纪闻〉作者牛肃考》，载《江海学刊》1962 年第 7 期。

② 冯梦龙编《古今小说》，第八卷《吴保安弃家赎友》中的主要情节，乃铺陈牛肃《纪闻·吴保安》文而成，叙及归葬一节曰："〔郭仲翔〕乃为文以告于保安之灵，拨开土堆，止存枯骨二具。仲翔痛哭不已，旁观之人，莫不堕泪。仲翔预制下练囊二个，装保安夫妇骸骨。又恐失了次第，敛葬时一时难认，逐节用墨记下，装入练囊，总贮一竹笼之内，亲自背负而行。"所记尚存唐代这一葬仪的真相。沈璟将此改编成戏曲《埋剑记》，格于明代江南文人的日常闻见，已不能理解这种葬仪，于是将之改为扶柩归葬了。第一出《提纲》中曰："永固忘家赎友，崎岖向远寨相邀。吴生丧，飞卿扶柩，埋剑始全交。"

所葬之人又为蜀人，因而也采取了二次捡骨葬法。不论从时间上来看，还是从地域上来看，其间都有相通而可以互证的地方。

这一实例足以说明李白曾受南蛮文化的影响。

或许有人以为蜀州至魏州路途遥远，郭仲翔扶吴保安夫妇之灵柩归葬，诸多不便，故囊骨以归。但郭仲翔此举决心极大，唐代交通又发达，他想扶柩归葬，不难实现。观其“尽以家财二十万厚葬保安”，可见这不是经济方面的原因，所以如此，当以吴、郭二人都在蛮中生活了一二十年，因而郭仲翔径行捡骨法葬友，吴保安的儿子也能接受这种葬仪。李白为友人吴指南营葬，自洞庭之侧迁于鄂城之东，二地水路交通至为方便，李白不扶柩而下，而是采取二次捡骨葬，只能从文化方面寻找原因。

此外还有一些材料涉及李白与南蛮的关系。这类文字，虚虚实实，殊难确证，但若细加考索，则仍可用来说明很多问题。

其一，传说李白曾作《菩萨蛮》词。

此说最早见于北宋僧文莹《湘山野录》卷上，文曰：

> 此词不知何人写在鼎州沧水驿楼，复不知何人所撰。魏道辅泰见而爱之。后至长沙，得古集于子宣内翰家，乃知李白所作。

宋之鼎州在今湖南常德，此地正是古代五溪蛮的居住区域。

《菩萨蛮》词调的起源，异说很多，近人根据敦煌卷子中已有《菩萨蛮》词及崔令钦《教坊记》中已有这一曲名，认为李白之前已有此名，而苏鹗《杜阳杂编》卷下更有详细的另一记载：

> 大中初，女蛮国贡双龙犀，有二龙，鳞鬣爪角悉备。明霞锦，云炼水香麻以为之也。光耀芬馥着人，五色相间，而美丽于中国

之锦。其国人危髻金冠，璎珞被体，故谓之“菩萨蛮”。当时倡优遂制《菩萨蛮》曲，文士亦往往声其词。

女蛮国的具体位置，文献难征，按照苏鹗描述的情况来看，当为南方某一民族建立的国家。

李白是否曾作《菩萨蛮》词，古今争论不休，亦难断言。杨宪益以为“骠苴或骠诏 pyu aw 与菩萨蛮的菩萨音同，菩萨蛮显然就是骠苴蛮的另一译法”，因此断言“菩萨蛮是古代缅甸方面的乐调，由云南传入中国”。李白幼时受到西南音乐的影响，日后流落荆楚，“遂以故乡的旧调作为此词”①。他还提出“《清平乐》更显然为南诏乐调。当时南诏有清平官司朝廷礼乐等事，相当于唐朝的宰相，清平乐当然源出于清平官，此外更无其他合理的解释”②。此说值得重视。人们研究这

---

① 牛肃《纪闻·吴保安》曰：“初，仲翔之没也，赐蛮首为奴，其主爱之，饮食与其主等。经岁，仲翔思北，因逃归，追而得之，转卖于南洞。洞主严恶，得仲翔苦役之，鞭笞甚至。仲翔弃而走，又被逐得，更卖南洞中，其洞号菩萨蛮。”此与教坊曲名相合；考其地理，亦与骠苴蛮之方位相合。此亦可作《菩萨蛮》调出于南蛮之一证。

② 杨宪益《李白与菩萨蛮》，载《零墨新笺》，中华书局 1947 年版。今按：《太平广记》卷四八三《南诏》，原出《玉溪编事》，文曰：“南诏以十二月十六日，谓之星回节日，游于避风台，命清平官赋诗。骠信诗曰：‘避风善阐台，极目见藤越。（原注：邻国之名也。）悲哉古与今，依然烟与月。自我居震旦，（原注：谓天子为震旦。）翊卫类夔契。伊昔经皇运，艰难仰忠烈。不觉岁云暮，感极星回节。元昶（原注：谓朕曰元，谓卿曰昶。）同一心，子孙堪贻厥。’清平官赵叔达曰：（原注：谓词臣为清平官。）‘法驾避星回，波罗毗勇猜。（原注：波罗，虎也；毗勇，野马也。骠信昔年幸此，鲁射野马并虎。）河阔冰难合，地暖梅先开。下令俚柔洽，（原注：俚柔，百姓也。）献睬弄拣（原注：国名。）来。愿将不才质，千载侍游台。’”《玉溪编事》三卷，金利用撰，见《崇文总目》小说类。《通志·艺文略》云“伪蜀金利用撰”。元李京《云南志略》云：“其称呼，国王曰缥信，太子曰坦绰，诸王曰信苴，相国曰布燮，之文字之职曰清平官。”（张宗祥辑明抄本《说郛》卷三六引）“之”当为草书“知”之误。此说与金氏谓词臣为清平官之说相符。李白以词臣奉召，故以“清平调”命其词。

类问题时，常是遵从传统的记叙而不敢轻易采纳新解，此或因前时有关李白与蛮族文化的关系等问题尚未受到足够的重视，从而未能得到进一步的阐发。

其二，地方志中还有记载说李白之母为蛮人。

王琦《李太白全集辑注》附录六《遗迹》引《四川总志》云：

> 龙安府平武县有蛮婆渡，在江油青莲坝。相传李白母浣纱于此，有鱼跃入篮内，烹食之，觉有孕，是生白。《广舆记》：白生蜀之青莲乡。旧志以为彰明人，盖平武实割江、彰、剑、梓之地以为邑，今蛮婆渡、青莲乡俱隶平武，则白生之地在今平武无疑矣。

这一传说，后起的有关方志大都承用。由于方志中每袭旧说，陈陈相因，但由此反而可以表明此说由来已久，流传很广，并由口传成为笔录，载之邑乘。

李白之母为蛮人，没有材料可以证实，但李白一家生活的地区内有蛮族杂居，则可根据上述传说而得此结论。

乐史在编纂李白诗文的工作中作出过很大的贡献。他于另一著作《太平寰宇记》中，记载了李白居家地区周围的民族与民风。

〔益州风俗〕《蜀记》云："刚悍生其方，风谣尚其文。"《汉书》云："人食稻鱼，俗不愁苦，而轻易淫佚。然地沃人骄，奢侈颇异，人情物态，别是一方。"（卷七二《剑南西道》一）

〔汉州风俗〕同益州。（卷七三《剑南西道》二）

〔简州风俗〕有獽人，言语与夏不同，嫁娶但鼓笛而已。遭丧，乃立竿悬布置其门庭，殡于别所，至其体骸燥，以木函盛，置于山穴中。李膺记云："此四郡獽也。又有夷人，与獽类一同。又有獠人，与獽、夷一同，但名字有异而已。"（卷七六《剑南西道》五）

〔茂州风俗〕此一州本羌戎之人，好弓马，以勇悍相尚，诗礼之训阙如也。贫下者，冬则避寒入蜀，佣赁自食，故蜀人谓之“筰氏”。（卷七八《剑南西道》七）

〔梓州风俗〕与益州同。（卷八二《剑南东道》一）

〔绵州风俗〕大同梓州。又《郡国志》云：“賨人劲勇锐气而善舞，故古有巴渝舞。”（卷八三《剑南东道》二）

上述各族，古代统称南蛮。李白出蜀之前一直生活在蛮族杂居之区，也就势必会受到他们的某些影响，即如李白特有的豪侠之风，应当也与此有关。

其三，在《警世通言》等小说中，还有“李谪仙醉草吓蛮书”的记载，虽属小说家言，却也有其史实根据。刘全白《唐故翰林学士李君碣记》中曰：

> 少任侠，不事产业，名闻京师。天宝初，玄宗辟翰林待诏，因为和蕃书，并上《宣唐鸿猷》一篇。上重之，欲以纶诰之任委之。同列者所谤，诏令归山。遂浪迹天下，以诗酒自适。

此事范传正《唐左拾遗翰林学士李公新墓碑并序》中也有记载，曰“草答蕃书，辩如悬河，笔不停缀”。释贯休《观李翰林真》二首之一曰：“御宴千钟饮，蕃书一笔成。”可知这是李白当年待诏翰林时震动京城的一件大事。刘全白与李白相识，早年还曾得到过李白的赏识；范传正曾看到过伯禽介绍家世的手疏，并自言与李白“有通家之旧”，因此这一记载，可信的程度很高。

“蕃”字通“番”，和“蛮”字一样，都是汉人站在大汉族主义的立场上对边疆民族的一种侮蔑性称呼。“蕃”与“番”字经常用以泛指西方和南方的民族。但时人称呼西方边疆的民族时，经常称为“西蕃”；吐蕃方位亦在中原之西，故亦得称西蕃。单用“蕃”或“番”字，则常用以泛称南方的民族，或是南海地区的外来民族，如张仲素《涨昆明池赋》：“故人遥集，曾分劫火之灰；蕃帅来朝，暗识滇河之象。”白居易《听曹刚琵琶兼示重莲》诗：“拨拨弦弦意不同，胡啼番语两玲珑。”李肇《国史补》卷下：“南海舶，外国船也，每岁至安南、广州。师子国舶最大，梯而上下数丈，皆积宝货。至则本道奏报，郡邑为之喧阗。有蕃长为主领，市舶使籍其名物，纳舶脚，禁珍异，蕃商有以欺诈入牢狱者。舶发之后，海路必养白鸽为信。舶没，则鸽虽数千里亦能归也。”

李白为玄宗草拟答蕃书，可能就是致南方某一民族建立的国家的诏书。看来李白懂得这一蕃国的文字，才能应付裕如，从而使时人大为钦佩，作为特殊才能而加以记叙。①

其四，这里可联系唐王朝与南诏之间的战事来进行考察。天宝年间，鲜于仲通与李宓多次攻打南诏，迭遭失败，损失惨重，但其时的许多文士激于狭隘的夷夏观念，无不义愤填膺，像高適、储光羲等均有鼓吹讨伐的诗篇，只有李白保持清醒的头脑，反对这次战争。他在《古风》其三十四、《书怀赠南陵常赞府》等诗中对此表示强烈的反感，可能因其出身特殊之故，所谓爱屋及乌，这里也可看出李白与蛮方的密切关系。

有趣的是：在李白的全部诗文中，从未用过一个“蕃”字、“番”字或“蛮”字。② 这种现象，是纯出偶然呢？还是有意回避？现在当然难

---

① 冯梦龙编《警世通言》，第九卷《李谪仙醉草吓蛮书》中叙此事，唯将“番国”说成“渤海国”，则与史实不符。渤海国位处东北，是由靺鞨族建立的国家，该族汉化的程度很深，使用汉字，李白毋庸以“番书”作答。而且唐王朝与边疆民族建立的政权交往时，例当以汉文作诏书。李白以答蕃书名震一时，当以其熟悉蕃方情况，通解该地来的文书，并能挥洒自如地作答，这样做也就说明了李白能熟练地掌握这种蕃文。

② 李白《寄崔侍御》诗中有句曰“高人屡解陈蕃榻”，所指乃《后汉书》有传之陈蕃，“蕃”为人名，与此处说的蕃族之“蕃”不同。

于判断了。但以李白与蛮方关系而言，则似有其内在的原因，怕不能纯用偶然性来作解释。

当然，李白之草答蕃书，也有可能是在与西方的某一国家打交道。联系李白在《寄远十二首》之十中所说的“鲁缟如玉霜，笔题月支书。寄书白鹦鹉，西海慰离居”而言，可证他能运用西方某一国家的文字进行通讯，从而有可能在翰林待诏期间承担通解蕃书并草拟诏书作答的任务。

不管情况究竟怎样，李白精通某种汉语言文字之外的语文，总是一件奇怪的事，这与同时的文士截然不同。归根到底，总是与他的胡化家庭与特殊经历有关。

南蛮遗风与突厥丧葬习俗

一个地区的风气、习俗和制度，往往经历很长的时间仍能传承下来。就在现在四川省西部，即唐代的嶲州地区，截至 20 世纪 40 年代，居住在那里的“蛮子”（史称罗罗，今称彝族，汉人称之为蛮子，他们自称为夷家）仍然处于奴隶制阶段。据凌纯声研究，唐代南诏居统治地位的乌蛮也属罗罗族。①

1943 年，林耀华率燕京大学边区考察团前往凉山地区进行实地研究，考察团的翻译王举嵩，即曾沦落夷家二十年，备受虐待而终得生还者。1919 年时，夷人攻陷昭觉县，普安营守备秘书王文英因城破殉职，次子举嵩年七岁，为黑夷（夷族贵族）掳去，沦为娃子（奴隶），改名铁哈，后卖与大凉山白夷（夷族奴隶），改名铁拉，沦为奴隶的奴隶汉娃。

① 凌纯声《唐代云南的乌蛮与白蛮考》，载《人类学集刊》第一卷第一期，商务印书馆 1938 年发行。

其兄王雨庵经过不懈的努力，才以白银一百两将他赎回。① 这事的曲折经过，与吴保安营救郭仲翔事有相似处，可以帮助我们了解唐代这一地区的民情风俗。

壮族居住在广西地区，也有一部分居住在云南，他们普遍采用二次捡骨葬法。今将《中华民族风俗辞典》中介绍"捡骨葬"的文字转录于下：

> 壮族丧葬习俗，又叫"二次葬"。人死洗礼入殓后，埋入土中，叫做"寄土"。寄土时，有的找风水龙脉之地，有的在传统规定的地方，有的则就近找个地方埋葬。坟坑大都很浅，以棺盖与地面相平为宜，然后用土堆成略为长方形的圆顶坟墓。第三日去"圆坟"，即带上祭品上供、化纸，修整坟墓，还用一木棍吊一串纸条，插在墓顶上，叫扎幡旗。此后每年三月三，或清明上坟扫墓。三年或五年(只能是单数)后，开坟捡骨，盛于特制的陶瓮"金坛"里。捡骨要择吉日良辰，由死者亲属和亲戚并村中一两位有经验的长者一同前去，到了坟前，要烧香祭拜。刨开坟土，用雨伞遮住天空后才开棺捡骨。尸骸已腐朽则可捡骨，若未完全腐朽则将棺盖虚掩，复培土待来年再捡骨。捡骨时，首先由女子说明请死者起身，并捧出颅骨，然后其余的人就把骸骨一一捡出，并用稻草、草纸、碎布、刀片等把骨头擦刮干净，剩下的腐肉、破寿衣及废棺木等物随便埋掉即可，以后不复照管。骸骨装入"金坛"要按一定规矩：先放髋骨、尾椎骨，接着把骶骨、腰椎、胸椎依次竖直往上放，脊椎

① 详见林耀华《凉山夷家》第七章《阶级》，吴文藻主编社会学丛刊乙集第五种，商务印书馆 1947 年版。柳无忌、潘如澍译成英文，以《The Lolo of Liang Shan》(Liang Shan I chia)为题，于 1961 年在 HRAF Press，New Haven 出版。

骨还用线香串起来以免散乱，四肢骸骨竖放两侧，再把肋骨、肩胛骨、下巴骨依次放入，最后把头颅骨放在上面，使整副骨架象蹲坐在坛子里一样。金坛里撒上一把朱砂，坛盖内侧用毛笔写上死者姓名和生卒年月日等，盖上坛口，埋在家族坟地中，培土筑成坟堆。这称之为"埋骨"。把骸骨从寄土之地移至埋骨之处，要燃香为亡灵引路，若过桥渡河，背骨的长子要喃喃自语，请亡灵一同过渡。①

这与牛肃《纪闻》中有关郭仲翔为吴保安捡骨归葬的记载类同，我们也可借此了解李白"雪泣持刃，躬身洗削，裹骨徒步，负之而趋"，为吴指南行剔骨葬仪的地域文化背景。

一种习俗的传播，又不仅限于一时一地，南方民族中有二次捡骨葬的习俗，北方民族中也有采用这一葬仪的，有关突厥族的文献中就有这方面的记叙。

《周书》卷五十《异域下・突厥传》言该族之葬法曰："死者，停尸于帐，子孙及诸亲属男女，各杀羊马，陈于帐前，祭之，绕帐走马七匝，一诣帐门，以刀剺面，且哭，血泪俱流，如是者七度，乃止。择日，取亡者所乘马及经服用之物，并尸俱焚之，收其余灰，待时而葬。春夏死者，候草木黄落；秋冬死者，候华叶荣茂，然后坎而瘗之。"韩儒林重译之丹麦 V・汤姆森《〈蒙古古突厥碑文〉导言》中说："至于突厥葬仪，中国史籍所记载者，只能适用于其上等人。"②可知一般突厥民众之葬法，当又有不同。

岑仲勉《突厥集史》于上述《周书・突厥传》引文之后，又引 Cza-

---

① 唐祈、彭维金主编《中华民族风俗辞典》，江西教育出版社 1988 年版。

② 林幹编《突厥与回纥历史论文选集》上册，中华书局 1987 年版。

plicka 氏《历史上及现代之突厥族》一书中文，也叙突厥古代葬仪云："吾人必须假定既死之后，尸放墓外或置于临时之墓，待其肉完全消化。此项习俗，正与中国史所言春夏死者候草木黄落……相符。"①这是突厥族采用二次捡骨法葬仪的最好说明。

李白为友人吴指南行二次捡骨法葬仪，也可能与他早年生于碎叶，其家族长期生活在西突厥的统治区内，接受突厥文化的影响有关；这与他生长蜀地，因而接受了蛮族文化的影响并行不悖。当然，李白此举到底受了哪一个民族文化的影响，难以确说。从上面一节的分析来看，似以接受蛮族文化的影响为大；而从他对西方之地的眷恋之情而言，则也有可能受到西域文化的影响。他采用的是一种与华夏文化的葬仪截然不同的剔骨葬法，确是一件令人感兴趣而值得深入探讨的事。

我读李白的作品，观察李白的为人，总觉得他与当时一般的汉族文人颇不相同，今知他生长在一个由西域地区迁来的家庭之中，早年又一直生活在蛮族文化影响所及的区域之内，接受的是多种文化的影响，那么对于他的个人特点，也就可以进一步有所了解了。

---

① 此书原名 M·A·Czaplicka《The Turks of central Asia in history and at the present day》，牛津大学出版社 1918 年版。岑氏以为此书上述"引证殊误"，但他在论文《揭出中华民族与突厥族之密切关系》中则又表示赞同，文曰"氏又言合坟在盐湖附近者（Minusinsk 之东南）习惯常以骨殖立葬，因此必须假定死后尸体暴露或暂厝以待肉体之消化云云（90 页）。按粤俗有永葬、暂葬两法，坟地不大而欲合葬者往往先觅地权厝，待八九年后肉既全化，乃掘冢开棺，捡取其骨放于瓦坛之内（坛径约一尺，高约二尺，俗呼为'金塔'，如是则占地有限，易于合葬也）。""金塔"当即"金坛"。此文载《东方杂志》四一卷第三号，1945 年 2 月。今按：粤地古属蛮方，故有二次捡骨葬之遗风，据此更可明白南蛮与突厥确实都实行二次捡骨葬。而且 Czaplicka 此说乃是引证另一学者之考古发掘报告而提出的，他还说"从中国和希腊笔下有关古代突厥人丧葬风俗的记载是一致的"，虽然我还不太了解他引用的是哪一位希腊作家的记载，但想来当非妄说。至岑氏所说，自相违忤，则或所见前后有异之故。

七、谪仙称号

——李白荣膺"谪仙人"称号之分析

蜀中的烧酒与西域的葡萄酒

《新唐书·艺文志》丙部小说家类著录《卢子史录》一书，又有《逸史》三卷，下注"大中时人"。《崇文总目》所载相同，但归入杂史类，说明《逸史》的内容属于传说一类。《宋史·艺文志》中尚见记载，其后则已不见著录了。但皕宋楼旧藏中有此书，今已归日本静嘉堂文库。陆心源在《皕宋楼藏书志》卷六二中介绍此书，云是周世敬家旧物。周氏题识据叶梦得语定作者为卢肇。今按《避暑录话》卷上云：

> 《白乐天集》自载李浙东言海上有仙馆待其来之说，作诗云："吾学空门非学仙，恐君此说是虚传。海山不是吾归处，归即须归兜率天。"顷读卢肇《逸史》，记此事差详。……①

卢肇为中唐时期的著名文士，曾受李德裕的赏识，中会昌三年状元，徐松《登科记考》于是年名下载其事迹颇详。《新唐书·艺文志》中还著录了他的《海潮赋》一文。

《说郛》(张宗祥辑明抄本)卷二四载卢肇《逸史》自序曰："卢子既

① 此事今见《太平广记》卷四八引《逸史》，标题曰"白乐天"。

作《史录》毕，乃集闻见之异者，目为《逸史》焉。其间神仙教化，幽冥感通，前定升沉，先见祸福，皆摭其实、补其漏而已。”可见此书内容偏于神仙道化之说，大都是些社会上传播很广的故事，即如上面提到的这一轶闻，即与白氏《客有说》、《答客记》二诗可互证，说明其时确有这种轶闻。因为传说的内涵讯息量甚为丰富，所以陈寅恪等人可据此探讨白居易的宗教观念。①

《太平广记》卷四十引《逸史》，《章仇兼琼》条曰：

> 章仇兼琼尚书镇西川，常令左右搜访道术士。有一鬻酒者，酒胜其党，又不急于利，赊贷甚众。每有纱帽藜杖四人来饮酒，皆至数斗，积债十余石，即并还之。谈谐笑谑，酣畅而去。其话言爱说孙思邈。……自后月余不至。一日又来，章仇公遂潜驾往诣，从者三四人，公服至前，趺出载拜。公自称姓名，相顾徐起，唯柴烬四枚，在于坐前，不复见矣。时玄宗好道，章仇公遂奏其事，诏召孙公问之，公曰：“此太白酒星耳。仙格绝高，每游人间饮酒，处处皆至，尤乐蜀中。”

这则传说中同样蕴涵着许多讯息，可以就此作些分析。

太白酒星为什么“尤乐蜀中”呢？因为四川一地自古以来即以生产名酒著称。《国史补》卷下《叙酒名著者》曰：“酒则有郢州之富水，乌程之若下，荥阳之土窟春，富平之石冻春，剑南之烧春，河东之乾和、蒲萄，岭南之灵溪、博罗，宜城之九酝，浔阳之湓水，京城之西市腔，虾蟆陵郎官清、阿婆清。”《新唐书》卷四二《地理志六》剑南道成都府土贡则

---

① 参看陈寅恪《元白诗笺证稿》附论（乙）《白居易之思想行为与佛道关系》，古典文学出版社 1958 年版。

有生春酒。而在这些名酒中，酒仙李白尤与烧春和葡萄有关。

根据化学家的研究，唐代即已发明制作烧酒。① 白居易《荔枝楼对酒》诗曰："荔枝新熟鸡冠色，烧酒初开琥珀香。"雍陶《到蜀后记途中经历》诗曰："自到成都烧酒熟，不思身更入长安。"唐人每以春为酒名的后缀词，故烧春当即烧酒。李白喜用"春"字指代酒，如《哭宣城善酿纪叟》诗曰："纪叟黄泉里，还应酿老春。夜台无晓日，沽酒与何人？"其使用频率远比其他诗人为高。所以如此，当和他年轻时喜饮烧春不无关系。

李白以豪饮著称，《襄阳歌》曰："百年三万六千日，一日须倾三百杯。"《月下独酌》曰："穷愁千万端，美酒三百杯。"这里指的是其时一般用谷物酿造的淡酒。传为五代陶穀著的《清异录》曰："旧闻李太白好饮玉浮梁，不知其果何物。予得吴婢，使酿酒。因促其功，答曰：'尚未熟，但浮梁耳。'试取一盏至，则浮蛆酒脂也。乃悟李白所饮盖此耳。""浮梁"、"浮蛆"即浮蚁，乃未经过滤的酒上浮的酒渣。这一类仅用酒曲酿造而不经蒸馏的酒内含酒精成分很低。李白年轻时常饮酒精成分甚高的烧酒，饮用淡酒时，自然可以一次饮上三百杯了。

李白喜饮葡萄酒，当是由他出身于胡化家庭而养成的喜好。西域胡人每以葡萄酒为重要饮料，《史记·大宛列传》叙及大宛和安息有葡萄酒，其后渐由西北传入内地，唐初经过太宗的提倡，在京城中得到推广。《太平御览》卷八四四引《唐书》曰："蒲桃酒，西域有之。前代或有贡献。及〔太宗〕破高昌，收马乳蒲萄实于苑中种之，并得其酒法，上自损益造酒，酒成，凡有八色，芳香酷烈，味兼醍盎。既颁赐群臣，京师始识其味。"所以李白在京得宠时，便曾享受到宫中的这一美味。李濬

---

① 袁翰青《酿酒在我国的起源和发展》，载其《中国化学史论文集》，生活·读书·新知三联书店 1956 年版。

《松窗杂录》载明皇与太真妃于禁中赏牡丹，命李白立进《清平调》词三首，“太真妃持颇梨七宝杯，酌西凉州蒲萄酒，笑领歌辞，意甚厚”。李白《对酒》诗曰：“蒲萄酒，金叵罗，吴姬十五细马驮。”可见他对这种酒的爱好。而他常是前往胡人经营的酒肆中去畅饮，应当也与这类酒肆中有葡萄酒的供应有关。《前有樽酒行》曰：“琴奏龙门之绿桐，玉壶美酒清若空。催弦拂柱与君饮，看朱成碧颜始红。胡姬貌如花，当垆笑春风。笑春风，舞罗衣，君今不醉将安归。”胡姬提供的一切服务，对于这位具有西域文化背景的诗人来说，又是多么惬意呵。

李白《扶风豪士歌》中有句云：“脱吾帽，向君笑，饮君酒，为君吟。”首句吾字，李集传世各本均有误。《资治通鉴》卷一五四记魏城阳王徽谋杀尔朱荣，“荣方与上党王天穆博，徽脱荣帽，欢舞盘旋。”胡三省注：“唐李太白诗云：‘脱君帽，为君笑。’脱帽欢舞，盖夷礼也。”李白在与扶风豪士畅饮时，欢快异常，也就以其胡化家庭中传承下来的礼节待友了。

太白星精与谪仙人

道教中有太白真君这一尊神，后世通称太白金星。太白即金星，都是星的名字。这颗星异名很多，《史记·天官书》“太白”名下司马贞《索隐》引《韩诗》曰：“太白晨出东方为启明，昏见西方为长庚。”占星家以为太白主西方，故张守节《正义》引《天官占》曰：“太白者，西方金之精，白帝之子，上公、大将军之象也。”

太白酒星之名，显然由太白星精一名变来。道教中的神仙太白真君主西方，而蜀地又以酒称，这就衍化出了“太白酒星”一名。

李白，字太白。他的父亲取此名字时，很有可能考虑到了道教中的这一神名。后来产生的一些传说，也就自然地把李白与道教中的神仙联系起来了。《唐摭言》卷七《知己》载:“李太白始自西蜀至京,名未甚振,因以所业贽贺知章。知章览《蜀道难》一篇,扬眉谓之曰:‘公非人世之人,可不是太白星精耶?’”贯休《观李翰林真》诗曰:“虽号李太白,知是那星精。”也是呼他为太白星精的意思。李阳冰《草堂集序》曰:“世称太白之精,得之矣。”裴敬《翰林学士李公墓碑》曰:“或曰:太白之精下降,故字太白,故贺监号为谪仙,不其然乎!”指出李白的名字与称号都与道教有关,颇有见地。

道教自建立时起,一直在西蜀之地传播。张陵初设道教的据点就在蜀地鹤鸣山。李雄于蜀中建立成汉王朝,即以道教为国教。在蜀地南边建国的南诏,也信奉道教。因此,李白自年幼时起即与道教有缘,也是该地区域文化背景所决定的。《题嵩山逸人元丹丘山居》诗曰:“家本紫云山,道风未沦落。沉怀丹丘志,冲赏归寂寞。”说明他早年即已受到家乡道风的影响而沉湎其中。

其后李白在《上安州裴长史书》中提到这一时期的另外一些活动,也可参照:

> ……又昔与逸人东严子隐于岷山之阳。白巢居数年,不迹城市。养奇禽千计,呼皆就掌取食,了无惊猜。广汉太守闻而异之,诣庐亲睹,因举二人以有道,并不起。

道家人物每隐居于岩壑,与禽兽群,因为道家以为人与禽兽类同,均为大自然中的成员。人与禽兽相亲,合乎自然,顺乎天道。道家典籍中常见这方面的描写。《庄子·山木》篇托言孔子“辞其交游,去其弟子,逃于大泽,衣裘褐,食杼栗;入兽不乱群,入鸟不乱行”。《马蹄》篇言:“至德之世,禽兽成群,草木遂长。是故禽兽可系羁而游,鸟鹊之巢可攀援而窥。夫至德之世,同与禽兽居,族与万物并,恶乎知君子小人哉！”《列子·黄帝》篇中也记载，“有役人梁鸯者，能养野禽兽，委食于园庭之内，虽虎狼雕鹗之类，无不柔驯者。雄雌在前，孳尾成群，异类杂居，不相搏噬也”。后世也就以为能与鸟兽群的人为得道者，《艺文类聚》卷九一引《列仙传》曰：“祝鸡翁者，雒阳人，居尸乡北山下，养鸡百余年。鸡皆有名字，千余头。暮栖于树，昼日放散，呼名即种别而至。”《南齐书》卷五四《高逸列传》载“永明中，会稽钟山有人姓蔡，不知名。山中养鼠数十头，呼来即来，遣去便去，言语狂易，时谓之‘谪仙’，不知其终”。由此可知，李白这一时期的活动在向神仙方向发展了。

李白二十一岁时作《登峨眉山》诗，末尾说：“倘逢骑羊子，携手凌白日。”可见其时已有成仙之望。当他出峡并在江陵遇到著名道士司马承祯，蒙其赞誉之后，那种自命为神仙的心理也就更为强烈了。《大鹏赋序》曰：

余昔于江陵，见天台司马子微，谓余有仙风道骨，可与神游八极之表，因著《大鹏遇希有鸟赋》以自广。

“大鹏”云云，亦出《庄子》。纵观李白一生，可知其受《庄子》的影响为最大。他飘然涉世，洒脱不群，傲岸王侯，不受羁绊。所追求的，也就是《逍遥游》中大鹏形象所体现的超越世俗的境界。

天宝之初，李白第二次入长安，开始了他生活中的黄金时代，而其中最为惬意的一件事，便是他正式荣膺了“谪仙”的称号。

最早当面称他为谪仙的，便是本身也有“仙”号的名流贺知章。《对酒忆贺监二首序》曰：

太子宾客贺公于长安紫极宫一见余，呼余为谪仙人，因解金龟换酒为乐。怅然有怀而作是诗。

《序》中所说的紫极宫，是京城中最主要的一座道观，二人在道教气氛笼罩的圣地相遇，李白“仙风道骨”，产生了巨大的吸引力。魏颢《李翰林集序》曰：“故宾客贺公奇白风骨，呼为谪仙子。”这使李白感到荣耀，宛如真的从天而降一样。于是他在第一首诗的开头时又反复地说：“四明有狂客，风流贺季真。长安一相见，呼我谪仙人。”

李白荣获的谪仙称号，迅速地在京城中传播开了。李阳冰在《草堂集序》中提到“又与贺知章、崔宗之等自为八仙之游，谓公谪仙人，朝列赋谪仙之歌，凡数百首”。范传正《新墓碑》中也说：“秘书监贺知章号公为谪仙人，吟公《乌栖曲》，云：‘此诗可以哭鬼神矣。’时人又以公及贺监、汝阳王、崔宗之、裴周南等八人为酒中八仙。朝列赋《谪仙歌》百余首。”……可惜这些《谪仙歌》都已失传了，以致后人无法从中窥知其时盛况。

杜甫也同意这种称呼，《寄李十二白二十韵》中说：“昔年有狂客，号尔谪仙人。笔落惊风雨，诗成泣鬼神。”他并作了著名的《饮中八仙歌》，中咏李白曰：“李白一斗诗百篇，长安市上酒家眠。天子呼来不上船，自称臣是酒中仙。”把李白的神态活龙活现地勾勒了出来。

神仙之说虚无缥缈。人们一提到神仙，总是充满着神秘感。实则道教中的神仙之说，在玄妙的外衣的覆盖下，包容着许多世俗的物质利益。唐代帝王倡崇道教，入道的人可以享受到种种好处，如免除徭役和赋税等。著名的道士，还能享大名，或敛得大量财富。而我国古代以农立国，农民特有的现实感，也反映到了道教中来。道教注重今世的享受，不需要多少苦行，甚至只有享乐，无苦行，也能成仙，这点在李白身上也得到了反映。

根据上面的介绍，可知李白所以荣获“谪仙人”的称号，得益于下面三项条件：一是仪容脱俗，二是嗜酒量宏，三是文思出众。

“酒中八仙”的得名都与这三项条件有关。此亦说明唐人之称

“仙”，条件并不苛刻。贺知章的骨相颇有仙气，卢象《送贺监归会稽歌》曰：“君不见先生耳鼻有仙骨，自号狂生中有物。金华侍讲三十年，儿戏公卿与簪笏。”其情况与李白极为相似。南卓《羯鼓录》载，明皇曾称汝阳王琎“资质明莹，肌发光细，非人间人，必神仙谪坠也”。也是以其风貌过人而被称之为仙的。崔宗之本以相貌出众而受到歌颂，《新唐书》卷二百二《文艺传》中记“白浮游四方，尝乘月与崔宗之自采石至金陵，着宫锦袍坐舟中，旁若无人”。杜甫诗中说是“宗之潇洒美少年，举觞白眼望青天，皎如玉树临风前”，则是也有其脱俗傲世的一面。

但杜诗既名“饮中八仙”，则自然以为豪饮是这一批“仙人”的共同特征。李白《金陵与诸贤送权十一序》曰：

> 吾希风广成，荡漾浮世，素受宝诀，为三十六帝之外臣。即四明逸老贺知章呼余为谪仙人，盖实录耳。

此文末署“酒仙翁李白辞”，说明李白自认为“谪仙”的主要根据，就在自小培养的酒量。崔成甫在《赠李十二》诗中也说：“天外常求太白老，金陵捉得酒仙人。”“酒仙”亦即“酒星”，郑谷《读李白集》曰：“何事文星与酒星，一时钟在李先生？”皮日休《七爱诗·李翰林》曰：“吾爱李太白，身是酒星魄。口吐天上文，遂作人间客。”凡此又可与前述“太白酒星”之说互证。

李白酒后文思汹涌澎湃，异乎常人。这也是他列名“八仙”的原因之一。这与张旭的情况类同，李颀《赠张旭》诗曰：“张公性嗜酒，豁达无所营。皓首穷草隶，时称太湖精。……左手持蟹螯，右手执丹经。瞪目视霄汉，不知醉与醒。诸宾方且坐，旭日临东城。荷叶裹江鱼，白瓯贮香粳。微禄心不屑，放神于八纮。时人不识者，即是安期生。”可见李白与张旭的情况极为相似，二人醉后都能把个人擅长的笔墨发挥到极致，而又豪放不羁，神情洒脱，迥异常人，于是都被封为道教中的活神仙了。

前身合是东方朔

阅读汉末至唐代的传记，可知历代都有关于谪仙的记载。在这众多的“谪仙”中，李白最为看重的是谁？换句话说，他引前代的那位“谪仙”为同调？答曰：东方朔。

李白最推重东方朔，并且以他为处世的榜样。

李白《书怀赠南陵常赞府》诗曰：

> 岁星入汉年，方朔见明主。调笑当时人，中天谢云雨。
> 一去麒麟阁，遂将朝市乖。故交不过门，秋草日上阶。
> 当时何特达，独与我心谐。

《留别西河刘少府》诗曰：

> 谓我是方朔，人间落岁星。白衣千万乘，何事去天庭？

《送王屋山人魏万还王屋》诗曰：

> 仙人东方生，浩荡弄云海。沛然乘天游，独往失所在。
> 魏侯继大名，本家聊摄城。……东浮汴河水，访我三千里。

上述数诗中，李白把自己和东方朔相比附，并且列出了一些相同之处。

按《太平广记》卷六引《洞冥记》与《东方朔别传》，介绍东方朔其人，实为岁星、太白星精下凡。《世说新语·规箴》篇刘孝标注引《列仙传》曰："朔，楚人。武帝时上书说便宜，拜郎中。宣帝初，弃官而去，共谓岁星也。"《初学记》卷一引《汉武内传》曰："西王母使者至。东方朔死，上问使者，对曰：'朔是木帝精，为岁星，下游人中，以观天下，非陛下臣也。'"李白在前面两首诗中提到东方朔为岁星，而他自己也认为是岁星的降生。《赠崔司户文昆季》诗曰：

惟昔不自媒，担簦西入秦。攀龙九天上，忝列岁星臣。
布衣侍丹墀，密勿草丝纶。……

《风俗通义》卷二《东方朔》曰："俗言东方朔太白星精。黄帝时为风后，尧时为务成子，周时为老聃，在越为范蠡，在齐为鸱夷子皮，言其神圣能兴王霸之业，变化无常。"李白或许认为自己乃是太白星精的再世，他也有神圣能兴王霸之业的抱负与自觉。

东方朔的事迹，始见于《史记》和《汉书》的传记。其后有关东方朔的记载日益增多，中多神异之说。而据一些比较可靠的记载来看，此人才智过人，有很高的抱负，汉武帝虽喜欢他，但只"倡优畜之"而不予重用，因此他寄迹朝廷，以酒自晦。这些情况差不多都在李白身上重现了。

夏侯湛作《东方朔画赞》，著录于《文选》卷四七，李白曾三拟《文选》，①对这篇文章的内容自然非常熟悉。文中说到"夫其明济开豁，

① 《酉阳杂俎》卷十二《语资》："白前后三拟词选，不如意，悉焚之。唯留《恨、别赋》。"词选当是《文选》之误。王琦注《拟恨赋》曰："今《别赋》已亡，惟存《恨赋》矣。"

包含弘大，凌轹卿相，嘲哂豪杰，笼罩靡前，跆籍贵势。出不休显，贱不忧戚。戏万乘若寮友，视俦列如草芥。雄节迈伦，高气盖世，可谓拔乎其萃，游方之外者已。谈语者又以先生嘘吸冲和，吐故纳新，蝉蜕龙变，弃俗登仙，神交造化，灵为星辰，此又奇怪惚恍，不可备论者也”。若将李白的行为与夏侯湛笔下的东方朔对照，不难发现二者具有很多相同之点，所以苏轼在《李太白碑阴记》中引此表示赞同，以为正是李白的写照。即如李白最为人所称道的那种平交王侯的思想，乃至醉后命高力士脱靴等异乎寻常的行为，都与东方朔“戏万乘若寮友，视俦列如草芥”的作风相通。东方朔与李白之间，不论从后者的自我介绍来看，或是从其行动来看，都是把自己认同于前者的再世。

李白在《玉壶吟》中说：

凤凰初下紫泥诏，谒帝称觞登御筵。
揄扬九重万乘主，谑浪赤墀青琐贤。
朝天数换飞龙马，敕赐珊瑚白玉鞭。
世人不识东方朔，大隐金门是谪仙。

这首自述供职翰林经过的诗，借用东方朔的事迹来表达，何等贴切。

东方朔这一“谪仙”是因何事被贬斥下凡的呢？《汉武帝内传》曰：

……但务山水游戏，了不共营和气，擅弄雷电，激波扬风，风雨失时，阴阳错迕。……于是九源丈人乃言之于太上，太上遂谪斥使在人间。

李白因何被“谪”下凡，他自己无所介绍，文献中也无任何记载，看来当与东方朔的“但务山水”而忽视职守相同，尽管李白在天上的职守已无任何线索可寻。

“金粟如来是后身”及其他

李白是道家的信徒，后且受道箓而具有道士的身分，但他与佛家也有缘，曾在很多诗文中宣扬佛家的教义，这就在“谪仙人”的形象上又涂抹了一层异彩。

佛教以空虚寂灭为特点，僧徒过的是清苦闲淡的生活。试问：不甘寂寞、喜好享乐如李白，怎能与此凑合？尽管他在与僧人交接时，谈空说法，犹如释子；为佛家留文字时，驱使佛典，挥洒自如，也难证明他已皈心瞿昙。《庐山东林寺夜怀》诗曰：“宴坐寂不动，大千入毫发。湛然冥真心，旷劫断出没。”似乎真已摆脱尘缘，彻悟人生至理，但从其前后的系列活动而言，怕也只是在特殊的境遇中偶尔产生的感触罢了。

李白在《答湖州迦叶司马问白是何人》一诗中又自述曰：

> 青莲居士谪仙人，酒肆藏名三十春。
> 湖州司马何须问，金粟如来是后身。

金粟如来为维摩诘居士的前身。王琦注引《五色线》转引《净名经义钞》，曰：“梵语维摩诘，此云净名，般提之子。母名离垢，妻名金机，男名善思，女名月上。过去成佛，号金粟如来。”此说尚见前时典籍，《文选》卷五九王简栖《头陀寺碑文》“金粟来仪”，李善注引《发迹经》曰：“净名大士，是往古金粟如来。”则是李白又俨然以为自身犹如著名的维摩诘居士了。

这是一种复杂的现象：李白既信奉道教，而又与佛教有缘；他引前辈“谪仙人”东方朔为同调，且认其为前身，又以为自己和维摩诘居士一样，也是金粟如来的后身。这种佛道兼综的情况，引起了众多学者的注意，他们对李白宗教信仰上的变化作了细致的分析，并且论证了佛、道二家的教义本有其相通之处。这些研究都是很有价值的。但这里似乎还应注意一点，即李白其人具有鲜明的个性，他在表示宗教信仰时，也有其独特的风格。他的兴趣，似乎不在沟通道教与佛教的教义，而熔铸个人独特的世界观，他的征引二氏教义，目的只在说明个人的情性。

众所周知，李白是一位杰出的浪漫主义诗人。浪漫主义者的主要特点是自由放纵、不受绳束，具有强烈的自我表现的欲望，以个人为中心而漠视外界的一切。李白在宗教问题上也表现出了这些特点。这可从下列三个方面展开论证。

一、我国历史上，宗教之间的冲突比较少见，人们的宗教观念比较淡薄，因此各种宗教之间融合的趋势常是胜过对立的趋势。自唐代起，帝王有意识地运用政治手腕促进各种宗教之间的融合。① 李白的佛道兼崇，也是这一融合潮流的反映。

按李白十九岁时隐居戴天大匡山，曾作《访戴天山道士不遇》诗，末云“无人知所去，愁倚两三松”，表示强烈的问道之忱。姚宽《西溪丛话》卷下引《绵州图经》曰：“戴天山在〔彰明〕县北五十里，有大明寺。开元中，李白读书于此寺。”说明李白早年已有兼崇数种宗教的作风。

又李白有《与元丹丘仙②城寺谈玄作》一诗，明薛仲邕《唐翰林李

---

① 参看拙撰《“三教论衡”与文士心态》，载南京大学中国思想家研究中心编《中国传统思想文化与廿一世纪国际学术研讨会论文选集》，南京大学出版社1992年版。

② 各本作“方”，今从王琦注本改。

太白年谱》系此诗于开元六年，题作《仙城山寺道者元丹丘谈玄》，可证李白挚友元丹丘其时已受道箓。宏道观道士蔡玮撰《玉真公主受道灵坛祥应记》上提到“西京大昭成观□□□威仪臣元丹丘奉敕建”，[①]时在天宝二载，则是薛氏系年或可延后，而元丹丘的身份为道士，殆无可疑。[②] 这时李白与他在仙城寺谈玄，而诗中又提到：“朗悟前后际，始知金仙妙。幸逢禅居人，酌玉坐相召。”可知他们还曾得到寺中和尚的热情招待，并且参与了谈玄。从中也可看到其时诸教相互尊重与渗透的情况。李白的佛道兼崇，也就不难理解了。

二、李白在崇道、崇佛的过程中，确定崇仰对象时，有着明显的目的性。佛道中人多矣，著名的仙、佛数不胜数，但他在“仙”中举东方朔为尊崇对象，以为自己与之出于一源，同是太白星精的转世；而他在“佛”中则举金粟如来为尊崇对象，以为自己乃其后身，与维摩诘居士同出一源。李白这番表白，在他来说，内中没有什么矛盾或障碍。他只是借此说明：东方朔的怀才不遇，而又以酒自适，隐于朝廷，喜好浪游，平视王侯，啸傲公卿，可为自己写照；维摩诘居士的坐拥妻妾采女而常远离五欲污泥，身居尘世而能超脱世俗尘垢，也可为自己的生活道路提供理论根据。因此，李白的尊崇宗教，并非全身心的投入，争取当一名合格的教徒，而是以宗教为我所用，借以调节身心，提供处世的理论，并用来塑造自己飘逸超脱的形象。

东方朔其人，博闻辩智，俳谐狂突，褚少孙把他补入《史记·滑稽列传》，所用文字也是有褒有贬的。《盐铁论·褒贤》篇载大夫曰：“东方朔自称辩略，消坚释石，当世无双，然省其私行，狂夫不忍为。”李白

---

① 载魏锡曾编《绩语堂碑录》，载《石刻史料新编》第二辑(一)，台湾新文丰出版公司 1979 年版。

② 参看郁贤皓《李白与元丹丘交游考》，载《李白丛考》，陕西人民出版社 1982 年版。

却只取其合于自己志趣的一面，而对东方朔所不为人许可的一面，则略而不谈，于此亦可看出李白在宗教问题上的取向。

三、考察上述问题时，还应注意李白个人作风上的另一特点，即针对交往对象的特殊身分而作出不同反应。他与崇道之人交往时，也就自称与仙家有缘，《流夜郎半道承恩放还兼欣克复之美书怀示息秀才》诗曰：

弃剑学丹砂，临炉双玉童。寄言息夫子，岁晚陟方蓬。

又如他自称“金粟如来是后身”的这一首诗，则是“答湖州迦叶司马”而作。王琦据《通志·氏姓略》，云：“迦叶氏，西域天竺人，唐贞观中有泾原大将试太常卿迦叶济，司马殆其裔族欤?”看来这一赠诗对象是位佛教发源地的天竺人，所以李白有此自我介绍的吧。

由此可见，李白的随方应酬，一时以道教中人自居，一时以佛教中人自居，只是一种自我表现的手段。作为一名浪漫主义诗人，这也是他自我表现的一个方面。而他兴趣广泛，涉猎至广，聪慧过人，触处多悟，因此他在谈论佛、道二教教义时，都有出色的表现。但宗教信仰之事可不能用高深的学识来代替，从李白立身处世的宗旨来看，终与道教有缘，而与佛教关系为浅，这又是有其原则区分而不容忽视的。

最后还应补充说明的是：唐代诗人，大都有兼崇数种宗教的作风，或是说他们在崇奉一种宗教时，往往并不排斥对另一种宗教的兴趣。例如王维以崇佛著称，但也有颂扬道教的言词；李商隐以崇道著称，但也有颂扬佛家的言词。白居易则对二者都有热忱，一方面诵佛，一方面炼丹服食，并行不悖。这种风气，正是唐代社会开放的表现。文士崇奉宗教，作为其思想修养的一个方面，熔铸其人生观。但上述诸人均立朝为官，仍奉儒家思想为立身处事的准则，李白则不甘厕身于行政官僚的行列，因而受儒家思想的束缚为小。他的宗奉道教，以及自称佛家信徒，都与他人生态度一致；道教、佛教中的一些义理，成了他洒脱不拘的浪漫品格的理论根据。

八、政治颠踬

——李白在诸王分镇问题上遭致失败的根本原因

众所周知,李白个人历史上的重大挫折,是追随永王璘而遭致失败。那他又在怎样的情况下追随永王璘的呢?

和他同时的人比较,他对这件事的处理迥异于他人。当时一些稍有声名的文士,都没有投入永王璘的阵营中去,只有大名士李白一人欣然投入,这就说明他的政治观念确与时人有异。

当时的政治形势,人家看得很清楚,为什么天才横逸的李白反而一点看不清楚?这可用不到多加解释,只是因为他思想上没有什么儒家的正统观念,所以才不在意地夹进了肃宗与永王璘的矛盾中去,以致犯了政治错误还不知道在什么地方摔了筋斗。

玄宗在册立太子问题上的反复多变

这事还得从安史之乱说起。

有唐一代,玄宗一朝处在由盛转衰的关键阶段。开元之时,国势极盛,但各项矛盾正在积累。玄宗却是满足于现状,不再励精图治。封建皇帝政治上的失误,往往首先从处理家庭问题上暴露出来。玄宗正宫王氏,因无子嗣,于开元十二年被废为庶人。这时武惠妃已得宠,玄宗本想继之立为皇后,但却遭到舆论的强烈反对,因为武惠妃是武党的嫡系子女,再从叔武三思,再从父兄武延秀,都是图危唐王室的主要人物,玄宗发动政变,消灭了武氏一门,才保住李唐一脉,因此谏臣认为李、武二家有不共戴天之仇，皇上怎能册立仇人之女为后？玄宗面对这种道义上的强大压力，也只能退让，不立皇后。开元二十五年武惠妃薨，二十八年杨太真入宫，旋被立为贵妃，倍受恩宠，宫中号“娘子”，仪体与皇后同，但她本是寿王之妃，玄宗之媳，因而不便正式册立为后。何况她还没有生下什么儿子，因此也沾不上什么“母以子贵”的便宜。

在宫廷里，皇后的位置可以空缺，但太子的位置却是不能长期空缺的。继承人不早日确立，就会导致政治上的不稳定，容易引起一些有政治野心的人“窥窃神器”。玄宗皇后王氏既无子嗣，那就只能让其他嫔妃生的孩子去继位了。玄宗立的第一个太子是李瑛，按兄弟排行来说，他是玄宗第二子，长兄李琮，看来年长无几，二人的生母身分也差不多，李琮的母亲刘华妃，李瑛的母亲赵丽妃，都是妃嫔媵嫱的身分。但在开元三年李瑛立为皇太子时，看来已有子嗣，而李琮一直到死都无子。这在当时来说关系重大，何况李瑛之母赵丽妃“以倡进，善歌舞”，当然更易博得玄宗的喜爱了。

玄宗的失误，在李瑛的废立问题上已充分暴露出来。武惠妃得宠，并且也生有儿子，因此视李瑛为挡路虎，务必除之而后快。在她的精心策划和同党的协助下，李瑛遭到诬陷，废为庶人，旋又被杀。这事与玄宗的宠信李林甫也有关系，李林甫的目的是勾结武惠妃而巩固自己的地位。

开元二十五年，玄宗二子李瑛被杀。开元二十六年，三子李屿（后改名亨）继立为太子，这就是后来的肃宗。从王家的继承制度来说，他是有愧于心的，因为其时长兄李琮还在，因此在他即帝位后，随即下诏追谥当时已死的李琮为奉天皇帝，并且声明“朕昔践储极，顾诚非次，君父有命，不敢违，永言恳让，不克如素”。但如上所言，李琮有其致命的弱点，一直没有子嗣，这就决定了他没有可能继立为太子。

《新唐书》卷二二三上《奸臣上·李林甫传》中另有一说，云：

林甫数危太子，未得志，一日从容曰："古者立储君必先贤德，非有大勋力于宗稷，则莫若元子。"帝久之曰："庆王往年猎，为豽伤面甚。"答曰："破面不愈于破国乎？"帝颇惑，曰："朕徐思之。"

司马光在《通鉴考异》卷十三中引此事，以为原出《明皇杂录》，而该书开端即云"上与李林甫议立太子，意属忠王"。司马光提出疑问道："若太子已立，则不当云'上与林甫议立太子，意属忠王'也。今《杂录》本于'所伤'字上脱'为豽'两字，别本必有之。按《说文》：豽，兽名，无前足。此非常有之物，或者'豹'字误为'豽'字耳。事既可疑，今不取。"这种意见是可取的，李琮未能得立，当有其更重要的原因。

李亨自开元二十六年立为太子，到天宝十五载自立为帝，中间计有十八年之久。他的处境极为艰危。李林甫掌权时，口蜜腹剑，得加倍提防；杨家垄断政权之后，更是势焰熏天，道路侧目，玄宗昏庸，说不定哪一天会听信谗言，再次废立。前车可鉴，李亨随时有可能从太子的宝座上跌落下去。《新唐书》卷七七《后妃下·章敬吴太后传》曰："肃宗在东宫，宰相李林甫阴构不测，太子内忧，鬓发班秃。后入谒，玄宗见不悦，因幸其宫，顾廷宇不汛扫，乐器尘蠹，左右无嫔侍，帝愀然。"①足见肃宗处境之艰窘了。杨氏一门包围玄宗时，肃宗的心境也不可能变好。

由此可见，玄宗在太子废立问题上处理颇为不当。总的来说，他是按照封建社会继承制度中的常规处理继立问题的，但又并不坚定地

① 此文当据李德裕《次柳氏旧闻》录入。李书材料乃由柳芳提供，柳则得之于高力士，故此说应当可信。

执行，常因内宠和相应的政治势力的影响而出尔反尔，这就给他的子嗣一种不稳定的感觉。

在这多次反复的废立过程中，许多人经受了历史的考验。一些信守继承原则并为之奋斗的人，随后也就为史实的发展证明是正确的，如张九龄、张说等人即是；一些企图危害王嗣的人，随着历史的演变，充分暴露了他们的作为的危害性，如李林甫、杨国忠等均是。安史乱起之后，所谓忠奸之辨已很显然。

封建王朝号称以天下为家。这种家天下的体制也就出现了这么一种情况，帝皇家秩序混乱，也会波及天下，连累全国百姓。玄宗多内宠，又信用外家，朝政日非，终于激起安禄山的叛乱。

肃宗之立乃大势所趋人心所向

安禄山于天宝十四载冬十一月起兵之后，一路势如破竹，一个月后就攻陷了洛阳，八个月后就打进了潼关，玄宗只能仓皇出走。过去的史家站在正统王朝的立场，总是责备臣下，以为他们不能像颜杲卿等人那样守节不移，才会出现这种兵败如山倒的形势。这种情况的出现，固然说明了其时官僚队伍的腐朽，但玄宗本人的昏庸，也是不能辞其咎的。应该说，他对这场祸乱之起应负主要责任，这点朝野上下都是看得很清楚的。

统观玄宗出走后的一系列事件，可知他因政治上的种种失误，已经失掉人心。仓皇入蜀，追随而去的人很少，禁卫部队和亲近臣僚所剩无几，跟着他颠沛于道路时，追究责任，杀了杨氏一门，还恨恨不已。当时玄宗的处境是很危险的，但他毕竟富有政治经验，遇事深自谴责，尽量争取人心，才不致危及自身。当他自蜀回京时，又旧情未断，想为杨贵妃改葬，但遭到礼部侍郎李揆的反对，提醒他不能再干勾起他人联想前时祸端之事，玄宗也就只能作罢。可见玄宗亲手酿成祸乱之后，已经人心丧尽，肃宗代起，实在是理所当然之事。

这时的玄宗，深知大事已去，自己已经无力号召天下，因此坚持入蜀避难。这时父老们恳请把太子留下来统率他们抗贼，收复长安，说明其时朝野各式人等已对玄宗感到绝望，转而把希望寄托在太子身上，大家都把太子作为维系天下人心的目标了。①

就在父子即将分手，打算各奔前程时，玄宗宣旨表示传位给太子，太子不受。但当太子到灵武站住脚后，也就徇从众心，即皇帝位了。站在唐王朝的立场考虑问题，这样做是必要的，玄宗已经失去了朝野的信任，且又避贼远走蜀地，这种局面，怎能激发起前线将士的忠勇之气？肃宗登基，表示朝廷正统未坠，而且近在咫尺，正在统率朝野上下各式人等抗战，这就成了忠于唐室的人员精神上的有力支柱。杜甫在长安围城中舍命出奔，历尽千辛万苦，投奔灵武行在，说明肃宗继位乃其时人心之所向，有力地推动了抵抗安禄山的斗争。

李亨继位，时在天宝十五载七月十三日，时隔四日，即七月十六日，玄宗接受宰相房琯的建议，实行诸王分镇。《资治通鉴》卷二一八肃宗至德元载七月丁卯，载上皇制曰：

以太子亨充天下兵马元帅，领朔方、河东、河北、平卢节度都

① 此事后人或有不同议论，如范祖禹曰："肃宗以皇太子讨贼，至灵武遂自称帝，此乃太子叛父，何以讨禄山也。"见《唐鉴》卷十一；王夫之曰："肃宗自立于灵武，律以君臣父子之大伦，罪无可辞也。"见《读通鉴论》卷二三。此乃宋明时期儒者带有头巾气的看法，与时人感受不同，不切当时实际。沈曾植《海日楼札丛》卷二《肃宗灵武即位》曰："肃宗灵武即位，唐人无议之者。……讥议灵武者，唐人独有《广记》所收《潇湘录》梁守威于古墓中遇少年鬼一事。托之神鬼，非士大夫雅言。……《萧湘录》唐末书。"

> 使，南取长安、洛阳。以……永王璘充山南东道、岭南、黔中、江南西道节度都使……盛王琦充广陵大都督，领江南东路及淮南、河南等路节度都使……丰王珙充武威都督，仍领河西、陇右、安西、北庭等路节度都使……应须士马、甲仗、粮赐等，并于当路自供。……其署置官属及本路郡县官，并任自简择，署讫闻奏。

四王之中，盛王琦、丰王珙不出阁，太子李亨在北方统兵，已是既成事实，这时新外放的，实际上只有永王璘一人。玄宗明确规定，各路可以自行辟置官属，自行筹措粮马，他们拥有这些特权，也就无异宣布南北可以各自建立其独立王国。

玄宗的这一诏令，在肃宗自立之后四天发出，当时没有可能得到北方来的这一重要讯息。史书记载，玄宗是在三十天后才接到灵武使者的所奉表疏的，或许他无法预见到“诸王分镇”这一措施的严重后果，但从事后的形势发展来看，几乎又酿出一场大祸。

房琯其人，当时名望很高，实际上可并没有什么突出的政治才能。贺兰进明在肃宗面前说他“专好迂阔大言以立虚名”[①]，论者以为这是谗言，但从房琯的若干措施来看，却不能不说是事实。他曾自请将兵复两京，而效古代车战之法，陈涛斜之役，敌方用火攻的战术，官军四万余人几乎全部覆没。他的分镇之议，实际上也只是仿效周初封建诸侯藩屏周室的故伎。只是时代不同了，后代历史上不乏兄弟拥兵相杀的事例，即以唐初来说，高祖二子建成与世民之间的火拼，还不是各自领兵而酿成的悲剧？玄宗非嫡子，竟登帝位，还不是靠了掌握军权？不知玄宗出于何种考虑才接受房琯这一建议的，至少他对肃宗的利益没有充分注意吧。

---

① 见新、旧《唐书·房琯传》，《资治通鉴》肃宗至德元载亦载。

就在同时，肃宗正在考虑由谁出任天下兵马元帅统率诸将东征的问题。建宁王李倓有将才，肃宗本想让他担任此职，但宰相李泌以为广平王李俶居嫡长之位，只能由他出任天下兵马元帅。肃宗起初还不明白此中道理，李泌就以太宗、玄宗之事为例，说明此中利害。《资治通鉴》卷二一八肃宗元载九月载其事曰：

上欲以倓为天下兵马元帅，使统诸将东征，李泌曰："建宁诚元帅才；然广平，兄也。若建宁功成，岂可使广平为吴太伯乎！"上曰："广平，冢嗣也，何必以元帅为重！"泌曰："广平未正位东宫。今天下艰难，众心所属，在于元帅。若建宁大功既成，陛下虽欲不以为储副，同立功者其肯已乎！太宗、上皇，即其事也。"上乃以广平王俶为天下兵马元帅，诸将皆以属焉。

拿这性质相近、年代相接的两起事情作比较，可知房琯之与李泌，其政治见解的高低，直不可以道里计。

李璘事后的发展恰恰真是沿着割据的道路走去。《资治通鉴》肃宗至德元载十二月曰：

璘领四道节度都使，镇江陵。时江、淮租赋山积于江陵，璘召募勇士数万人，日费巨万。璘生长深宫，不更人事，子襄城王玚，有勇力，好兵，有薛镠等为之谋主，以为今天下大乱，惟南方完富，璘握四道兵，封疆数千里，宜据金陵，保有江表，如东晋故事。上闻之，敕璘归觐于蜀；璘不从。

此时肃宗已即位，岂容李璘与之争夺？李璘妄想割据江表，垄断江南财富，而肃宗处于贺兰进明所说的"沙塞空虚之地"，必须仰仗江南经由上津路转运过来的粮食才能维持。因此，从永王璘这一边来看，有利条件很多，自以为可以为所欲为，肃宗让他回蜀归觐，他置之不理，仍然继续统兵向东发展。

永王东下人心不附

但永王璘属下的谋士们却是犯下了一项最根本的错误。他们只看到了眼前的一些物质条件，而没有全面衡量由意识形态领域中种种复杂因素交织而成的精神力量。在这方面，肃宗拥有压倒一切的优势，李璘却是处处处于下风，从一开始就表现为必败的局面。

我在前面已经分析到，安禄山反叛后，官僚士人间就分成了两大阵营，除了一些跟着安禄山起兵的人之外，忠于唐室的人，阵营业已稳定，人心所向，都在肃宗一边，大家都把中兴的希望寄托在肃宗身上。况且肃宗已经正式继位为君，事后玄宗也已追认，名分已定，忠于唐室的人更增加了凝聚力。李璘位为藩王，自应臣服，而他一意孤行，自以为兵多粮广，有恃无恐，但却估计不出名分攸关而后转化的物质力量，说明他丝毫不懂人心向背的问题。司马光说他“不更人事”，确是深至之论。

从王位的继承来说，肃宗的继位也是完全符合顺序的。《旧唐书》卷五二《后妃下·玄宗元献皇后杨氏传》记其生肃宗事，曰：“太子妃王氏无子，后班在下，后不敢母肃宗。王妃抚鞠，慈甚所生。”这也就是说，肃宗幼年是在正宫的抚养下长大的。永王璘的情况则异于是，《旧唐书》卷一百七《玄宗诸子·永王璘传》曰：“永王璘，玄宗第十六子也。母曰郭顺仪，剑南节度尚书虚己之妹。璘数岁失母，肃宗收养，夜自抱眠之。”说明永王璘自小是由肃宗抚养长大的。这时他想不听指挥，自立门户，从而违反了君臣大义；就从家庭伦理来说，也是为人所不齿的。

就在李璘拥兵自雄，不受敕令时，肃宗正在筹划对策，如何及早消除后患。他知道高適曾在玄宗颁行“诸王分镇”计划时表示过反对，这时便召高適前来商议。《旧唐书》卷一一一《高適传》曰：“〔至德〕二年，永王璘起兵于江东，欲据扬州。初，上皇以诸王分镇，適切谏不可。及是，永王叛，肃宗闻其论谏有素，召而谋之。適因陈江东利害，永王必败。上奇其对，以適兼御史大夫、扬州大都督府长史、淮南节度使。诏与江东节度〔韦陟、淮西节度〕来瑱率本部兵平江淮之乱，会于安州。师将渡而永王败。”《新唐书》卷一四三本传记载略同，《资治通鉴》则系肃宗召高適谋议之事于至德元载十二月。此时永王璘有抗命的行动，但尚未露割据之谋，新、旧《唐书》上说是已“叛”，那是从其总的趋势作出的结论。那时他虽已有抗命的行动，但还未擅自行动，然行迹显然，因而高適已能预测到他下一步的动向了。

《资治通鉴》随后记载道：“甲辰，永王璘擅引兵东巡，沿江而下，军容甚盛，然犹未露割据之谋。吴郡太守兼江南东路采访使李希言平牒璘，诘其擅引兵东下之意。璘怒，分兵遣其将浑惟明袭希言于吴郡，季广琛袭广陵长史、淮南采访使李成式于广陵。”这样也就反形毕露了。因为即使按照玄宗当年的指令，他所经营的区域，也只能远达江南西路。江南东路之地，属盛王琦属下，盛王不出阁，自有其长史主管，这时李璘统兵东下，意欲擅自侵入非其所属的疆域，反状已露，李希言当然要强硬地平牒诘责了。

李璘其时气势汹汹，似乎正在顺利地实现其割据江东的原定计划，然而没有估计到他在道义上正节节失败，在人心向背上迅速陷于劣势。这从其时一些官吏和名士的政治抉择上明显地表现了出来。

玄宗下达分镇诏书，同时令长沙太守李岘为都副大使（节度都副大使），永王璘密谋割据，不从肃宗归觐于蜀的命令，李岘时任江陵长史，也就立即辞疾赴行在，胡三省注："璘将称兵，岘不欲预其祸也。"李岘毕竟是有政治经验的，他见机先觉，赶快抽身归向肃宗。

就在这一事件的萌芽状态时，有识之士已经看到李璘"必败"的前景，从而善自抉择了。邵说《有唐相国赠太傅崔公墓志铭》曰："属禄山构祸，东南陷没，公提挈百口，间道南迁，讫于贼平，终能保全，置于安地，信仁智之两极也。寻江西连帅皇甫侁表为庐陵郡司马，兼停戎幕。时永王总统荆楚，搜访俊杰，厚礼邀公，公以王心匪臧，坚卧不起。人闻其事，为之惴栗，公临大节，处之怡然。王果拥兵浮江东下，劫侁爱子，质于军中。公励元戎以断恩，激平察以扶义，凶徒挠败，系公之力。"[①]李白《天长节使鄂州刺史韦公德政碑序》中也说到："曩者永王以天人授钺，东巡无名。利剑承喉以胁从，壮心坚守而不动。房陵之俗，安于泰山；休奕列郡，去若始至。帝召岐下，深嘉直诚。移镇夏口，救时艰也。"崔祐甫与韦良宰都和李白有很深的关系，李白事后也已看清了其时官僚队伍中人心向背的情况。

每当政治纷争之起，中原逐鹿的人都要作出一番努力，争取一批名士前来参与幕府，这样可以提高个人威望，吸引社会上的各个阶层前来归附。名士本身固然未必个个都有什么经天纬地之能，但由于他们在士人中有影响，而封建官僚队伍本由士人组成，社会上的各个阶层都对士人中的杰出之士抱有敬意，因此名士的动向，也往往能说明人心向背。

永王璘于此也曾作出过努力，可是成效不著。

萧颖士出身高贵，交游广阔，是当时的一位名士。李华《扬州功曹萧颖士文集序》曰："君七岁能诵数经，背碑覆局，十岁以文章知名，十

① 周绍良主编《唐代墓志汇编》下，上海古籍出版社 1992 年版，原石藏开封博物馆。

五誉高天下，十九进士擢第。”他自己在《赠韦司业书》中也说：“孜孜强学，业成冠岁，射策甲科，见称朝右。”其后浪迹各地，又得到各地长官和一些著名人物的赞誉。而他为人骨鲠，抗争李林甫一事，更为人称颂，赵璘《因话录》卷三说：“余尝闻外族长老说，林甫闻功曹名，欲见之，知在艰棘。后闻禫制已毕，令所厚之人导意，请于萧君所居侧僧舍一见，遂许之。林甫出中书至寺，自以宰辅之尊，意谓功曹便于下马处趋见，功曹乃于门内哭以待之。林甫不得已前吊，由此怒其恃才敢与宰相敌礼，竟不问。后余见今丞相崔公铉，说正同。”李林甫权势熏天，萧颖士还写作《伐樱桃树赋》进行讥刺，可见其胆识过人。他在社会上享有很高的声誉，不是偶然的。

李璘统兵东下时，萧颖士正在江东避难。李华在《萧颖士文集序》中又说：“永王修书请君，君遁逃不与相见。”但他随即却接受了广陵长史李成式的聘请，成了广陵幕府中的僚属。[①] 按照萧颖士《与崔中书圆书》中的情绪来看，他对李成式意见很多，但他甘愿赴广陵就微职，而不愿依永王受礼敬，可见其时一些著名士人对出处大节的抉择所抱的严正态度。

孔巢父的情况与此相同。《新唐书》卷一六三《孔巢父传》曰：“孔巢父字弱翁，孔子三十七世孙。少力学，隐徂来山。永王璘称兵江淮，辟署幕府，不应，铲迹民伍。璘败，知名。”可见他的态度也很坚定。他也预察到了李璘的“必败”，因而抱着避祸的态度，隐藏起来。当时对形势有所认识的人都是不肯“误上贼船”的。

---

① 参看俞纪东《萧颖士事迹考》，《中华文史论丛》1983 年第 2 辑。

李白追随永王璘的始末

孔巢父早年隐居徂徕山时，与韩準、裴政、张叔明、陶沔、李白在一起，世称“竹溪六逸”。[①] 李白有《送韩準裴政孔巢父还山》诗，内云：“孔侯复秀出，俱与云霞亲。”可见二人作风有相近处。孔氏的年岁要比李白小得多，而政治头脑却非常清醒，在应付李璘征聘的问题上处置得当，博得了声名。

但李璘终于罗致到了李白这样一位大名士。或许可以说，这是他的阵营中唯一的一位举国皆知的名士。李白其时本隐居在庐山，经过永王幕下谋士韦子春等三次聘请，终于兴冲冲地下山了。永王当然隆重欢迎，屡设盛宴款待。李白本以奇士自居，这时以为实施自己抱负的时机到了，于是一路随永王东下，在浔阳时作《在水军宴赠幕府诸侍御》诗，内云：“绣服开宴语，天人借楼船。如登黄金台，遥谒紫霞仙。卷身编蓬下，冥机四十年。宁知草间人，腰下有龙泉。浮云在一决，誓欲清幽燕。……所冀旄头灭，功成追鲁连。”又作《在水军宴韦司马楼船观妓》诗，内云“诗因鼓吹发，酒为剑歌雄”。可见其时意气风发，踌躇满志之态可掬。

李白到达金陵后，又作《永王东巡歌》十一首，抒发他的抱负和欣喜之情。

第一首说：

> 永王正月东出师，天子遥分龙虎旗。
> 楼船一举风波静，江汉翻为雁鹜池。

---

① 笕文生《李白隐于竹溪年考》，《中华文史论丛》第47辑，1991年5月。

全诗从追叙去年“诸王分镇”之事开始。其时道路阻隔，李白对情况或许不太清楚，但第五首诗中有“二帝巡游俱未回”之语，可知他已了解到肃宗在灵武即位之事，那么永王违令而擅自行动，本已超出玄宗去年的指示，更未接受今帝的命令，这可是不难想到的。但李白对永王此举会起怎样的政治后果却丝毫不作他想。

第二首说：

> 三川北虏乱如麻，四海南奔似永嘉。
> 但用东山谢安石，为君谈笑静胡沙。

李白脑中，总是把历史上的混乱时局与当前时局作类比。这时身处江东，自然会联想到晋代故事。《赠张相镐二首》其二曰：“想像晋末时，崩腾胡尘起。衣冠陷锋镝，戎虏盈朝市。石勒窥神州，刘聪劫天子。”琅琊王司马睿割据江东，永王璘想重现东晋故事，李白则以谢安自居，也想一展平生抱负。或许在他单纯的心灵中没有什么私心存在，但是历史毕竟难于重现，李白却是太昧于形势了。不过从这首诗来看，他的抱负与永王割据江东的企图那是完全一致的。

第三首说：

> 雷鼓嘈嘈喧武昌，云旗猎猎过寻阳。
> 秋毫不犯三吴悦，春日遥看五色光。

这首诗对永王军队进入三吴地区的描述，与事实大不相符。当时三吴的地方官员吴郡太守兼江南东路采访使李希言、广陵长史淮南采访使李成式都曾派兵拒阻，李璘发兵攻伐，闹得江淮大震，高適与来瑱、韦陟于安陆会合，结盟誓众合力进讨。《旧唐书》卷九二《韦陟传》

曰："陟谓適、瑱曰：'今中原未复，江淮动摇，人心安危，实在兹日。若不齐盟质信，以示四方，令知三帅协心，万里同力，则难以集事矣。"而在他们的誓词中，还有"纠合三垂，翦除凶慝"等语，可见其时形势之紧张。李白其时却在高唱"秋毫不犯三吴悦"的赞歌，可见他脱离现状的严重。

第九首说：

> 祖龙浮海不成桥，汉武寻阳空射蛟。
> 我王楼舰轻秦汉，却似文皇欲渡辽。

这里李白作了进一步的推断，而这也正是永王璘隐而不宣的最终目的，就是直承王统，登大宝之位。也许是李白的诗人之心太过纯真，有些旁人不便明言的话，他却直截了当地说出来了。而这也正是高適等人认为形势极为严重必须及时合力扑灭的苗头。

对这一首诗，古今就有不同的看法，明游潜《梦蕉诗话》以为李白"公然以天子之事为永王比拟，不无启其觊觎之心"，实则永王璘割据的最终目的，就是像司马睿一样，在江东称帝，这用不到李白去启发，而李白在肃宗、永王之间，却也真有拥护永王而对肃宗存而不论之势。

高適等人的军队尚未合围，李璘的军队已经崩溃了。李白时在丹阳（润州），仓皇南逃，曾有《南奔书怀》诗记其事，中云：

> 主将动谗疑，王师忽离叛。自来白沙上，鼓噪丹阳岸。
> 宾御如浮云，从风各消散。舟中指可掬，城上骸争爨。
> 草草出近关，行行昧前算。南奔剧星火，北寇无涯畔。
> 顾乏七宝鞭，留连道傍玩。

这里有他的不平，同时也暴露出他一些真实而奇异的看法。他称永王的军队为“王师”，称忠于肃宗的军队为“北寇”。[1] 可见他拥戴永王态度之坚决。当然，这里李白或者只是出于一时愤慨而称追逐他的李成式等人的军队为“寇”，他不一定想得那么深，把肃宗列为“寇”首，但他对肃宗其人，至少是不一定认为必须由他登大宝之位；而对永王璘其人，则是认为也有资格在江东立国的。

李白谴责的“主将”，是指季广琛等人。季广琛对形势还看得清楚一些，《新唐书》卷八二《十一宗诸子·永王璘传》中说：“广琛知事不集，谓诸将曰：‘与公等从王，岂欲反邪？上皇播迁，道路不通，而诸子无贤于王者。如总江淮锐兵，长驱雍、洛，大功可成。今乃不然，使吾等名挂叛逆，如后世何？’众许诺，遂割臂盟。于是〔浑〕惟明奔江宁，冯季康奔白沙，广琛以兵六千奔广陵。璘使骑追蹑之，广琛曰：‘我德王，故不忍决战，逃命归国耳。若逼我，且决死。’”从当时的形势来看，这批武将还可以说是懂逆顺之理的，而李白却始终拥戴李璘，而与北军为仇。

《新唐书》上还说：“璘未败时，上皇下诰：‘降为庶人，徙置房陵。’”《降永王璘庶人诏》曰：“永王璘，谓能堪事，令镇江陵，庶其克保维城，有裨王室。而乃弃分符之任，专用钺之威，擅越淮海，公行暴乱。违君父之命，既自贻殃；走蛮貊之邦，欲何逃罪？据其凶悖，理合诛夷，尚以骨肉之间，有所未忍。皇帝诚深孝友，奏请哀矜……宜宽伏锧之命，俾黜析珪之典，可悉除爵土，降为庶人，仍于房陵郡安置。所由郡县，勿许东西。”(《唐大诏令集》卷三九)可见永王东下之时，玄宗、肃宗之间也在紧张地不断磋商，玄宗于此也无理由左袒永王，只能公然黜谪。

---

① 参看松浦友久《关于李白离开永王军的时间问题——《南奔书怀》为中心》，载《中国李白研究》1990年集上，江苏古籍出版社1990年版。

但这些似乎对李白没有发生过什么影响。

李白在《箜篌谣》中还皮里阳秋地说："周公称大圣，管蔡宁相容？汉谣一斗粟，不与淮南舂。兄弟尚路人，吾心安所从？"矛头所指，却是被世人称为大圣和明主的周公和汉文帝。这既说明了李白的思想有违于儒家的传统观点，也说明了他对肃宗的反感与对永王的同情。这种指桑骂槐的手法，明眼人是不难看出的。

永王兵败，李白终于遭到拘系，随后又被谪迁夜郎，这是很严厉的惩罚。杜甫在《不见》诗中说："世人皆欲杀，吾意独怜才。"可见当时舆论之一般。世人对他均已嫌弃，幸有崔涣、宋若思等人出来缓颊，才免于一死。

余　论

我们援引当时李白写作的诗歌为证，说明他对待这一事件的政治态度，又引当时舆论为准，说明他持这样的态度后落到了与社会上的广大人民对立的窘境。这样做，并不是想以当时舆论为准，谴责李白，只是想把李白其人放在当时历史背景下考察，深入研究他的个人特点。在现在的人看来，不管是李亨即位，还是李璘即位，关系不大，但在当时的人看来，却是有关伦理的重要原则问题。李璘违反了这一重要原则，陷于道德上的破产，导致人心背离，李白却坚定地支持李璘，始终不渝，这才激起了"世人皆欲杀"的义愤。这里我们就应研究，为什么他人在这问题上不摔筋斗，天才横逸的李白却去自投罗网？他的行为向与他人不同，那么到底是思想上的哪些因素促使他与永王璘结合起来，从而与当时的正统王朝处在对立的立场上？

众所周知，李白生长在一个从西域地区迁来的胡化家庭之中，当然会受到突厥族的影响。

突厥族其时的社会发展阶段处在很低的水平上。这些游牧民族，散居各地，组织松散，因此平时虽有大可汗统率部落联盟中的其他汗国，但在可汗的继承问题上，没有形成一套固定的制度。兵强马壮者，如能威慑其他部落或击败他人，就能获取大可汗的地位。父亲把汗位传给儿子，兄长把汗位传给弟弟，兄弟之间，有的各霸一方，有的引起争夺，联盟中人也没有什么固定的准则作为依据而表示向背。这种情况，对于一个胡化家庭来说，必然也会发生影响。李白生长在这种具有特殊文化背景的家庭之中，必然也会受到影响。

李白在年长之后，接受了系统的汉文化教育，但对这一向在中原地区占主导地位的儒家学术，却时有不恭之词，在在处处，并不遵循儒家宗旨而行事。于是在王位的继承问题上，他就始终采取不认真对待的态度，肃宗、永王兄弟争位，他就考虑不到此中利害而偏于一方。应该说，他的拥护永王割据，并非出于个人私利的考虑，而是真情的自然流露。他对眼前兄弟争位的观察与判别迥异常人。这种情况，难用其他理由解释，只能归因于他出身家庭与所受教育的这种特殊文化背景。

最后还可补充一点：李白的宗教信仰中也透露出了尊位序次不明的特点。他在《金陵与诸贤送权十一序》中说："吾希风广成，荡漾浮世，素受宝诀，为三十六帝之外臣。即四明逸老贺知章呼余为谪仙人，盖实录耳。"《魏书》卷一一四《释老志》载牧土上师李谱文事，"又言二仪之间有三十六天，中有三十六宫，宫有一主。最高者无极至尊，次曰大至真尊，次天覆地载阴阳真尊。次洪正真尊，姓赵名道隐，以殷时得道，牧土之师也。牧土之来，赤松、王乔之伦，及韩终、张安世、刘根、张陵，近世仙者，并为翼从。牧土命谦之为子，与群仙结为徒友"。这种仙话之中含有很多深层寓意。

神界的一切，本是世间众相的曲折反映；道教中的神统，本是规仿封建社会中的等级制度而编制起来的。但“三十六宫”与“三十六主”之说，只像一个松散的联合组织，其间没有什么主从、上下之分，这当是北方游牧民族松散的部落联盟这种组织形式在天宫中折射的投影。李白自认为是神界三十六帝中并无明确隶属关系的一位外臣，那他在世上自然也可以以外臣的身分归属于任何一位王子了。

九、异端思想

——李白接受的是怎样一种教育?

李白的人生态度是入世与出世相结合。用一句通俗的话来说,也就是“功成身退”。犹如他的向慕对象鲁仲连,能出奇策挽救危局,立不世之大功,而功成不居,悠然隐退;又如另一向慕对象范蠡,辅越王勾践复仇灭吴后,乃浪游五湖,全身避害。凡此均如孤云野鹤,超绝尘世。人人都说李白是杰出的浪漫主义作家,他的这种人生态度,也迥异常人,不可踪迹。比之同时诗人,其潇洒出群之处,可谓独一无二。

但“功成身退”的前提,是建功立业,李白曾自负地说“天生我材必有用”,此“用”乃“用世”之“用”,“用世”当先涉世,应在政治上有一番作为,像鲁仲连、范蠡等人一样,在历史上留下一些轰轰烈烈的业绩。而在当时来说,要想步入仕途,则有四条途径可供选择。

唐代士人入世的几条途径

一、科举:自隋代起,就已建立起了科举制度,这是士子进身的正途,但遍检世存史料,李白于此没有作过任何尝试。

二、从军:唐代国势强盛,军事活动频繁,文人参加军幕,也是一条正常的途径。杜甫《送高三十五书记十五韵》曰:“十年出幕府,自可持旌麾。”因此从军的前途也是很有诱惑力的。但李白于此并不热衷。在他生活的前期,唐王朝在边境上驻有大军,与边疆各族时起冲突,当时他持反战的态度,自然不考虑参加军幕。安史乱起,永王璘割据江东，李白却是认为时机已到，仓卒入幕，结果遭到了极大的挫折，而他流放归来不久，还想参加李光弼的幕府，《闻李太尉大举秦兵百万出征东南懦夫请缨冀申一割之用半道病还》诗曰“恨无左车略，多愧鲁连生。……天夺壮士心，长吁别吴京”，为之怅恨不已。但李白的这次主动要求从军，怕是想挽回前次参加永王璘幕而带来的羞辱。从他一贯的态度来看，并不以此为用世的最佳方案。

三、隐逸：从汉代起，就有隐逸之士受到执政者的征辟骤登大位的事例。刘备三顾茅庐，礼请诸葛亮出山，君臣际会，更成了历史上的佳话；李白隐居庐山，永王璘派韦子春等人三次上山礼聘，或许也给李白形成了一种错觉，以为当年的盛事又要再现了。在此之前，他已多次隐居养望。开元中期，他曾隐居终南山，后应道友元丹丘的邀请，同隐嵩山；开元后期，他又曾与孔巢父、韩準、裴政、张叔明、陶沔等隐于徂徕山，称“竹林六逸”。李白的这些活动，没有像“随驾隐士”卢藏用那样取得预期效果，[①]但他还是借此结识了不少人，其后元丹丘通过玉真公主向玄宗推荐，卒下诏书征其入京，涉足仕途。

四、献赋：献赋可以得官，汉代以后已成常规，杜甫多次应科举无成，乃于天宝十载趁玄宗祠太清宫、太庙和祀南郊的机会，进献《三大礼赋》，终于获得了玄宗的赏识，敕使待诏集贤院，命宰相试文章。杜甫通过这一契机，终于走上了仕途。李白的情况有类于此，他也通过献赋而进一步得到了宠幸。独孤及《送李白之曹南序》曰：“曩子之入秦也，上方览《子虚》之赋，喜相如同时。”魏万《金陵酬翰林谪仙子》曰：“楚歌对吴酒，借问承恩初。宫买《长门赋》，天迎驷马车。”可知李白的

---

① 见新、旧《唐书·卢藏用传》。《大唐新语》卷十《隐逸》：“卢藏用始隐于终南山中，中宗朝累居要职。有道士司马承祯者，睿宗迎至京，将还，藏用指终南山谓之曰：‘此中大有佳处，何必在远！’承祯徐答曰：‘以仆所观，乃仕宦捷径耳。’藏用有惭色。”

入京应征，除了玉真公主的推荐外，还与献赋之事有关。他在《温泉侍从归逢故人》诗中说："子云叨侍从，献赋有光辉。激赏摇天笔，承恩赐御衣。"《答杜秀才五松山见赠》诗中说："昔献《长杨赋》，天开云雨欢。当时待诏承明里，皆道扬雄才可观。"《东武吟》中说："因学扬子云，献赋甘泉宫。天书美片善，清芬播无穷。"查李白作有《明堂赋》《大猎赋》，詹锳以为当是献上之赋，其说可信。① 可见李白的入仕与得幸，均与献赋之事有关。

综上所言，可知李白的谋求用世、入仕之途径，颇与同时其他文人有异。情况表明，他的步入仕途，得力于隐逸与献赋。献赋之事与司马相如和扬雄所形成的传统有关，看来李白受到了家乡前辈作家的影响；隐逸之事与道家思想有关，李白早年就曾隐于大匡山，看来李白此举除受时代风气影响外，也受到了蜀地区域文化的影响。

他不走从军的道路，我在前面数文中有所探讨，今不赘述；他为什么不走大家视为正途的科举道路，则值得深入剖析。

李白自述学习历程考辨

李白为什么不去参加科举考试？原因很多，就以考试要求来说，他也无法应付。

开元之时，科举考试中的热门项目，有进士、明经和制科。明经纯以默诵经文为能事，被人讥之为鹦鹉学舌，②李白洒脱不凡，自然不甘

---

① 《李白诗文系年》天宝二年《大猎赋》下曰："按《赋》中自称'臣'，则当为上于君王者。且赋中所铺叙者，亦每有实事可据，非尽出于想象。"人民文学出版社1984年版。

② 《南部新书》乙卷："大和中，上谓宰臣曰：'明经会义否？'宰臣曰：'明经只念经疏，不会经义。'帝曰：'只念经疏，何异鹦鹉能言？'"

坠其牢笼。进士和制科虽然比较注重个人才智的发挥，但进士仍然要经过帖经的考试，而且在策论中，也要发挥儒家的教义，看来李白对儒家的经典未必很精熟。王琦为李白诗文作注，征引极为广泛，而上溯儒家经典中之出处者不多，说明李白对此并无多大兴趣，这就很难去应科举并由此求得晋身。《新唐书》卷二百二本传上说李白“十岁通诗书”，《唐才子传》卷二本传上说他“十岁通五经”，这在李白的文集与同时的记载中，找不到什么旁证，看来没有什么根据。“诗书”“五经”云云，只是一些用以泛指典籍的陈词。

李白在一些文章中曾经介绍过自己的学习情况，可以就此进行一些考察。

他在《上安州裴长史书》中自叙曰：

> 少长江汉，五岁诵六甲，十岁观百家。轩辕以来，颇得闻矣。常横经籍书，制作不倦，迄于今三十春矣。

于此可见他的学习情况颇与常人不同。

（一）五岁诵六甲：王琦注：“《礼记》：‘九年教之数日。’郑康成注：‘朔望与六甲也。’《汉书》：‘八岁入小学，学六甲、五方、书计之事。’《南史》：‘顾欢年六七岁，知推六甲。’六甲，今之六十甲子。”

王注颇为精当。今就其节引之文，再作推阐：《礼记》之文，见《内则》篇；《汉书》之文，见《食货志》，王先谦《补注》引顾炎武曰：“六甲者，四时六十甲子之类。”又引周寿昌曰：“犹言学干支也。”

以上所言，都是汉代制度中有关小学教育课程的规定，王国维、余嘉锡等人于此都曾有过深入的探讨。① 余氏在《目录学发微》中引《玉烛宝典》卷一引崔寔《四民月令》曰："正月农事未起，命成童以上（注：年十五以上至三十）入大学，学五经，师法求备，勿读书传。研冻释，命幼童（注：谓十岁以上至十四）入小学，学书篇章。（注：谓六甲、九九、《急就》、《三苍》）"可见汉代教育学童时，先要让他们掌握一些实用的知识，六甲计日，也是一种必要的日常应用知识。

魏晋南北朝时教育学童的情况与此相同，但《南史·顾欢传》上何以要说"年六七岁知推六甲"？这是因为汉代把学童学六甲之事安排在八岁与九岁，顾欢早慧，六七岁时已有此才能，所以史书上要记上一笔。

李白何以要说"五岁诵六甲"，也可由此得到启示，他也颇以早慧自负；比之顾欢的能推六甲，更要早上一两年。②

大家知道，李白生于碎叶，③五岁时才随父亲迁至绵州昌隆县。其父一回到内地，也就遵循前代的教育制度以教子。汉末大乱之后，中原板荡，文化教育受到了极大的破坏，以致魏晋南北朝时风气丕变，

---

① 参看王国维《汉魏博士考》，载《观堂集林》卷四，《王国维遗书》第一册，上海古籍书店 1983 年据商务印书馆 1940 年版影印。余嘉锡与钱玄同的信中详论此事，见钱玄同《重论经今古文学问题》，此文原是为方国瑜标点本《新学伪经考》所作之序，后收入《古史辨》第五册，朴社 1935 年版；后余氏又将此意写入《目录学发微》十《目录类例之沿革》中，中华书局 1963 年版。

② 参看罗联添《李白事迹三个问题探讨》，载《台大中文学报》第三期，台湾大学中国文学系印行，1989 年 12 月。有人以为六甲指道教的经典，罗氏已加驳正，今不赘述。

③ 此说首见范传正《唐左拾遗翰林学士李公新墓碑》。近人于此颇多考辨，如郭沫若《李白与杜甫》中《李白生于中亚碎叶》，人民文学出版社 1971 年版；饶宗颐《李白出生地——碎叶》，载香港大学《东方文化》1974 年第 12 卷；殷孟伦《试论唐代碎叶城的地理位置》，载《文史哲》1974 年第 4 期，张广达《碎叶城今地考》，载《北京大学学报》1979 年第 5 期。

而河西之地，却是保存着中原魏晋以降之文化。[①] 按照李白的自述，他们一家原为西凉李暠之后，李白之父首以六甲授子，正是保留着西凉一地所传承的中原汉魏六朝的传统。

这一做法，似可说明李白一家家庭教育的特点，也可说明四川一地区域文化的特点，即比之中原地带更为墨守前代的传统。用发展的眼光来看，则其节奏要比中原慢上半拍。

按李谔在《上隋文帝革文华书》中指责当时学风说："于是闾里童昏，贵游总角，未窥六甲，先制五言。"不知这里只是运用成说呢？还是指的实情？求之唐代史书与文集，已难见到其他有人年幼时曾学习六甲了。[②] 李白此举颇为特殊，似可说明他所受的教育，起始即与他人不同。

（二）十岁观百家：李白在《上安州李长史书》中也说"颇尝览千载，观百家"。既言"百家"，则可知其学习的范围不限于儒家。他在《赠张相镐二首》其二中说"十五观奇书，作赋凌相如"，"奇书"当然也不是指儒家典籍。因为儒家学术偏于论述政治教化，皆人伦日用之常，没有什么石破天惊的奇异之处。古人每称儒家之言如"布帛菽粟"，以为一日不可无，亦可见其无"奇"之可言。

蜀地也真是保存着一些"百家"的"奇书"，例如陈子昂的五世祖方庆"得墨子五行秘书白虎七变"，[③]就是不见其他记载的秘籍；又如赵

---

① 参看陈寅恪《隋唐制度渊源略论稿》中之《叙论》，上海古籍出版社 1982 年新一版。

② 《唐六典》卷二一"国子监"中叙学生习业程序颇详；书学博士下注中曾引《汉书·食货志》中"八岁入小学，学六甲五方书计之事"的记载，而唐代国子监中各专业之学生已均无学六甲的记载。

③ 见赵儋《大唐剑南东川节度观察处置等使户部尚书兼御史大夫梓州刺史鲜于公为故右拾遗陈公建旌德之碑》，载《陈子昂集》附录，中华书局上海编辑所 1960 年刊徐鹏校本。

蕤著《长短要术》，按之时地，考其内容，也是耐人寻味的一种“百家”“奇书”。

（三）轩辕以来，颇得闻矣：儒家推崇的圣王，是尧、舜、孔、孟，从未道及黄帝。司马迁作《史记·五帝本纪》，还说“学者多称五帝，尚矣。然《尚书》独载尧以来，而百家言黄帝，其文不雅驯，荐绅先生难言之”。说明有关黄帝的传说，出于百家之言，而与儒家无涉。这是符合事实的。《汉书·艺文志》中，道家、阴阳家、兵家、小说家中都有关于黄帝的著作。法家虽重后王，但在当时竞相崇尚黄帝的气氛下，转而也托黄帝以立论，例如韩非，就在《扬权》、《五蠹》等篇中一再提到黄帝，作为法治理论的先驱者看待。于此可见百家言黄帝的盛况。《汉书·艺文志》的《兵书略》、《数术略》、《方技略》中，更多托名黄帝的著作。李白强调“轩辕以来，颇得闻矣”，正说明了他的知识超出儒家的正统学说。

（四）常横经籍书，制作不倦：或许有人以为李白也是耽于经籍的人，《唐才子传》上说他“十五通五经”云云，可能即由此滋生误会。实则“横经”云云，只是援用古人成语，《汉书·叙传》云“徒乐枕经籍书，纡体衡门”，《北齐书》卷四四《儒林传序》曰：“横经受业之侣，遍于乡邑。”这里只是说明他常是沉溺于典籍，但并不专指儒家的经书。

这里还可再举一例，引用有关尧舜禅让之说，说明李白的学术观点确与常人有异，借与上述李白的自述相印证。

尧、舜禅让之事，向被儒家中人视作天下为公的光辉榜样而称颂，但李白却不予好评，《怀仙歌》中说：“尧舜之事不足惊，自馀嚣嚣直可轻。”他在乐府《远别离》中还援用了一种与儒家之说截然背违的传说，诗曰：

尧舜当之亦禅禹，君失臣兮龙为鱼，权归臣兮鼠变虎。
或云：尧幽囚，舜野死。九疑联绵皆相似，重瞳孤坟竟何是？

考《史记·五帝本纪》张守节《正义》引《括地志》，转引《竹书》曰：“昔尧德衰，为舜所囚也。”“舜囚尧，复偃塞丹朱，使不与父相见也。”李白此说或许即出于此。《竹书纪年》中把禅让之事说成与后世的篡夺之事无异，这一离经叛道的说法，自为持有正统观点的史家所不容，因而逐渐湮没了。自从晋代时人从汲冢中发现此书后，只有张守节等人将之作为仅供参考的异说而录存了下来。其后一些喜欢猎奇的人偶尔提及此事，例如罗泌《路史·发挥》五亦引《竹书纪年》此说，苏鹗《苏氏演义》引《竹书纪年》曰：“舜篡尧位，立丹朱城，俄又夺之。”苏鹗还著有《杜阳杂编》一书，而《杜阳杂编》与《路史》，按照传统分类，正可归入“百家”中的“奇书”一类。

刘知幾《史通·疑古》曰：“《尧典·序》又云：‘将逊于位，让于虞舜。’孔氏注曰：‘尧知子丹朱不肖，故有禅位之志。’案《汲冢琐语》云‘舜放尧于平阳’，而书云某地有城，以囚尧为号。识者凭斯异说，颇以禅授为疑，然则观此二书，已足为证矣。”刘氏以疑古著称，故有此论。他所提到的某城，可能指小成阳，《水经·瓠子河注》曰：“按小成阳在成阳西南半里许实中，俗谚以为囚尧城。”可见这种囚尧之说，因为“其文不雅驯，荐绅先生难言之”，只能在记载异说的史籍与保存异说的民间故事中传播。李白少读“百家”“奇书”，这类“尧幽囚，舜野死”的异说，正是“轩辕以来，可得闻矣”的一个实例。

由上可见，李白早年所受的教育，既有其继承旧传统的一面，也有其超越儒家传统的一面。李白的生活年代，正当初盛唐之际，其时《五经正义》已颁行多时，儒家的地位进一步得到皇家的确认，作为士人中的一员，李白必然也会受到影响，但他所受的教育与时人有异，不太重视儒家经典中的历史哲学与伦常观念，于是在他的诗文创作中，时而出现一些异端因素，下面结合他的立身行事，再作考辨。

李白与儒家学术的疏离

大家知道，李白受道家思想的影响很深，道家典籍如《庄子》等书中，就常见有嘲讽孔子的言论。李白在《古风》其三十中说："大儒挥金椎，琢之诗礼间。"就是引用《庄子·外物》篇中的寓言而对儒者进行辛辣讽刺的。他在《庐山谣》中也说："我本楚狂人，凤歌笑孔丘。"这些都是站在道家的立场，对儒家作出的不恭之词。

李白还从游侠的立场嗤鄙儒家，《行行且游猎》曰："儒生不及游侠人，白首下帷复何益。"《白马篇》曰：

龙马花雪毛，金鞍五陵豪。秋霜切玉剑，落日明珠袍。
斗鸡事万乘，轩盖一何高？弓摧南山虎，手接太行猱。
酒后竞风采，三杯弄宝刀。杀人如剪草，剧孟同游遨。
发愤去函谷，从军向临洮。叱咤经百战，匈奴尽奔逃。
归来使酒气，未肯拜萧曹。羞入原宪室，荒径隐蓬蒿。

李白对孔子也有一些尊崇的言词。他常把孔子的不为世用比喻自身的未展抱负，①然而他对孔子为封建社会中制订的种种礼制，却是并不认真对待。

李白曾经浪游过山东。这一地区，正是孔、孟的故乡，儒家的流风余韵尚存。其时李白大约遇到过一些扞格不入的事，感到不愉快，因此在《五月东鲁行答汶上翁》《嘲鲁儒》等诗中反映了出来。后诗云：

---

① 参看裴斐《李白与历史人物》(上)，载《文学遗产》1990年第3期。

鲁叟谈五经，白发死章句。问以经济策，茫如坠烟雾。
足著远游履，首戴方山巾。缓步从直道，未行先起尘。
秦家丞相府，不重褒衣人。君非叔孙通，与我本殊伦。
时事且未达，归耕汶水滨。

这里透露出来的讯息，表明李白的思想与时人差异甚大。他轻视鲁儒，不惜引李斯、叔孙通为同调。李斯其人，帮助秦始皇推行焚书坑儒的政策，自汉以后，一直受到世人的谴责。叔孙通其人，汲汲于仕进，历事且十主，而又昌言兴礼乐，定朝仪，因此他在士人心目中的地位是不高的。叔孙通曾骂不愿随他进京做官的两位鲁生为“鄙儒”，而司马迁作《史记》，实际上是以此二人为例，讽刺叔孙通为趋时的“鄙儒”，后代的看法也大抵如此。[①] 李白这里强调儒学要达“时事”，正是从否定儒家经典所强调的操守和出处大节等原则着眼的。

孔子人称“圣之时者也”，因此儒家有其随时代而变化的一面，五经成为封建王朝的法定典籍之后，里面包含的一些原则，起到维系人心的作用，人们不能轻易违反。不然的话，大者王纲解体，小者人心涣散，社会上缺乏道德的凝聚力，其后果也是不堪设想的。叔孙通懂得应付世事的窍门，他的一贯行动，都取迎合上层的态度，这样也就得到了汉王朝的宠信。但当刘邦企图废掉太子刘盈改立赵王如意时，叔孙通又挺身而出，据理力争。这一人物在历史上还不能说是名声很坏，因为他在关键时刻还能恪守嫡庶之辨的准则，为稳定社会秩序作出了

① 高嵣《史记钞》卷四言叔孙通“历仕委蛇，周旋人情，纯是软熟圆通一派作用，岂即所谓知时变、识世务者耶？太史公赞语，若美若讽，馀味曲包”。丁晏《史记馀论》曰：“叔孙生谀臣耳！史公论其希世度务，道固委蛇，又借鲁两生语形容之，讥刺深矣。班生赞叔孙通舍枹鼓而立一王之仪，而删史公语，失之。”前人如此议论尚多，不具列。

应有的贡献。这是他有别于后世政治投机分子的地方。

李白的拥护永王割据，不能说是政治投机，但他不能在关键时刻像叔孙通那样遵循儒家的伦理原则而行动，终于落到了极为不幸的下场。

李白深受《长短经》中主要观点的影响

许多专家已经注意到，李白在青少年时期受到赵蕤的影响很大。① 这是符合事实的。可以就此再作一些分析。

《唐诗纪事》卷十八《李白》引东蜀杨天惠《彰明逸事》曰：

> 隐居戴天大匡山，往来旁郡，依潼江赵征君蕤。蕤亦节士，任侠有气，善为纵横学，著书号《长短经》。太白从学岁余。

赵蕤的事迹流传下来的不多。《北梦琐言》卷五曰：

> 赵蕤者，梓州盐亭县人也。博学韬钤，长于经世。夫妇俱有节操，不受交辟。撰《长短经》十卷，王霸之道，见行于世。

《长短经》一书，经过周广业的整理，刻入《读画斋丛书》，后传播颇广。检其内容，确是所谓王霸之道。赵蕤在《长短经序》中虽然称孔子为先师，赞扬他作《春秋》、《孝经》，自称其书为"儒门经济长短经"，然

---

① 参看葛景春《李白与赵蕤的〈长短经〉》，载《中日李白研究文集》，中国展望出版社 1986 年版；后又收入其《李白思想艺术探骊》一书，中州古籍出版社 1991 年版。罗宗强《也谈李白与〈长短经〉》，载《中国李白研究》1990 年集下，江苏古籍出版社 1991 年版。

而按之全书，察其论点，可知它与儒家关系甚浅，实与纵横家与法家为近。

《四库全书总目》卷一一七子部杂家类一《长短经》提要中已指出："刘向序《战国策》，称'或题曰《长短》'。此书辨析事势，其源盖出于纵横家，故以《长短》为名。"这是符合事实的。刘向《战国策书录》中说："孟子、荀卿儒术之士弃捐于世，而游说权谋之徒见贵于俗，是以苏秦、张仪、公孙衍、陈轸、〔苏〕代、〔苏〕厉之属生。纵横、短长之说，左右倾侧。"这种风气，一直延续到汉初，"长短"一词，仍然沿用，《史记·田儋列传》说："蒯通者，善为长短说。"《主父偃列传》说："学长短纵横之术。"《酷吏·张汤列传》说："边通学长短。"那么"长短"或"短长"的涵义又是什么呢？《史记·田儋列传》司马贞《索隐》："言欲令此事长则长说之，欲令此事短则短说之，故《战国策》亦名曰《短长书》是也。"《汉书·张汤传》颜师古注："应劭曰：'短长术兴于六国时，长短其语，隐谬用相激怒也。'张晏曰：'苏秦、张仪之谋，趣彼为短，归此为长，《战国策》名长短术也。'"可知后人对"长短"一词的理解，以为含有贬义，赵蕤却仍以之为其所著书名，可见他对纵横之术的癖好。

赵蕤的一个重要思想，便是强调"时宜"，也就是说，采取政治行动时要审时度势。他在《长短经》的序中，系统地阐述了这种观点：

> 作法于理，其弊必乱，若至于乱，将焉救之？是以御世理人，罕闻沿袭，三代不同礼，五霸不同法，非其相反，盖以救弊也。是故国容一致，而忠文之道必殊；圣哲同风，而皇王之名或异，岂非随时设教沿乎此，因物成务牵乎彼：沿乎此者，醇薄继于所遭；牵乎彼者，王霸存于所遇。故古之理者，其政有三：王者之政化之，霸者之政威之，强国之政胁之，各有所施，不可易也。《管子》曰："圣人能辅时，不能违时，智者善谋，不如当时。"邹子曰："政教文

质，所以匡救也。当时则用之，过则舍之。”由此观之，当霸者之朝，而行王者之化，则悖矣。当强国之世，而行霸者之威，则乖矣。若时逢狙诈，正道陵夷，欲宪章先王，广陈德化，是犹待越客以拯溺，白大人以救火，善则善矣，岂所谓通于时变欤！

这段话的主旨，就在说明审时度势的重要，首先要对“时”作出判断，看是处在治世还是乱世，然后采取相应的措施，看是施行王道呢，还是施行霸道，抑或施行强道。而他这里对“王”、“霸”及“强国之政”的区分，正是沿用了先秦法家的观点。上考战国之时，政治思想领域内就流传着这三种治国的理论，由儒入法的荀子在《王制》篇中说：“王夺之人，霸夺之与，强夺之地。夺之人者臣诸侯，夺之与者友诸侯，夺之地者敌诸侯。臣诸侯者王，友诸侯者霸，敌诸侯者危。”说明荀子虽已具有法家的初步思想，但基本上仍固守儒家的立场，偏重王道。到了他的学生韩非时，也就转而注重强国之术了。他在《奸劫弑臣》中说：“治国之有法术赏罚，犹若陆行之有犀车良马也，水行之有轻舟便楫也，乘之者遂得其成。伊尹得之，汤以王；管仲得之，齐以霸；商君得之，秦以强。”而商鞅采取强国之术的经过，见于《史记·商君列传》，里面详细记叙了他以王道、霸道、强国之术三次进说秦孝公的经过。前两次的进说，未被孝公接受，最后一次进说，取得了很大的成功，“景监曰：‘子何以中吾君？吾君之欢甚也。’鞅曰：‘吾说君以帝王之道比三代。’而君曰：‘久远，吾不能待。且贤君者，各及其身显名天下，安能邑邑待数十百年以成帝王乎？’故吾以强国之术说君，君大悦之耳！”①

先秦法家审时度势的结果，认识到政治措施必须与变化中的时局相应，处在战乱频仍之时，仍然想行儒家所向往的王道，也就等于画饼

① 参看拙著《韩非子札记》中的《论商鞅》一文，江苏人民出版社1980年版。

充饥，因为时代已经不同，前此有效的措施已经过时了。因此韩非在《五蠹》篇中提出的总结性意见是："世异则事异"，"事异则备变"。

看来赵蕤的理论植根在法家学说的基础上，他在《序》的开头就标明了理论的源头：

> 赵子曰："匠成舆者，忧人不贵；作箭者，恐人不伤。彼岂有爱憎哉，实伎业驱之然耳。是知当代之士，驰骛之曹，书读纵横，则思诸侯之变；艺长奇正，则念风尘之会。此亦向时之论，必然之理矣。"

这种理论，直承韩非而来。《韩非子·备内》篇曰：

> 王良爱马，越王勾践爱人，为战与驰。医善吮人之伤，含人之血，非骨肉之亲也，利所加也。故舆人成舆，则欲人之富贵；匠人成棺，则欲人之夭死也。非舆人仁而匠人贼也，人不贵，则舆不售；人不死，则棺不买，情非憎人也，利在人之死也。

韩非以为人人都有趋利避害的习性，有人愿意看到人家升官发财，有人愿意看到人家生病死亡，这并不是由人的本性有善有恶而引起的，而是决定于他们在社会上的地位有异和处境不同，因此他们所追求的"利"也就不同。法家认为执政者就应针对人的这一特点，掌握赏罚两手，用重赏去鼓励人们服从君主的统治，并为之出死力；用重罚去制止人们违犯现行的体制，防止他们作恶。这与儒家主张的德治差异甚大。

赵蕤认为：时代不同，则政治活动家的主张和措施也应随着改变；人们的社会地位和处境不同，那么他们的"利"之所在也就不同。

从这样的前提出发，也就会得出“当代之士，驰骛之曹，书读纵横，则思诸侯之变；艺长奇正，则念风尘之会”，并以此作为“向时之论，必然之理”了。从正面来说，时世混乱，社会上会出现纵横家和信从纵横学说的人；反过来说，纵横家和信从纵横学说的人就希望时世混乱，个人可以利用形势大显身手。赵蕤的理论，或许还是接受了隋唐嬗代之时混乱时局余波的影响，因而才在唐代初盛之际较偏僻的川西地区浮现的吧。

李白与纵横家的貌合神离

这种理论曾对李白起过潜移默化的影响。他在《避地司空原言怀》中曾说：“刘琨与祖逖，起舞鸡鸣晨。虽有匡济心，终为乐祸人。”这是本诸《晋书·祖逖列传》史论而言的。史臣曰：“祖逖散谷周贫，闻鸡暗舞，思中原之燎火，幸天步之多艰。原其素怀，抑为贪乱者矣。”李白追随永王璘，欣然下庐山入幕，以为可以大显身手，与祖逖之事有相通处。按诸赵蕤的理论，也正是实践了“书读纵横，则思诸侯之变”的理论，可见李白的纵横思想决定了他必然会下山随从永王璘。

李白从赵蕤学习时，正在世界观的形成时期，这时学到的一切，对他一辈子都会有影响。当他天宝之前初游淮扬时，曾作《淮南卧病书怀寄蜀中赵征君蕤》诗，可见他对赵蕤怀有很深的感情，并对他俩一起学习的这一段历史极为珍视，难以忘怀。而他又生长在一个胡化的家庭之中，儒门的影响比较淡薄，其他学派的思想较易渗入，除道家思想外，法家和纵横家的思想发生的影响甚大。这些地方可以明显地看出赵蕤对他的影响。

如上所言，《长短经》中出现了如下一些特点：

一、赵蕤一生，似未出过家乡地区，因此他的阐发纵横家说，主要是从总结历史经验着手的。《霸图》《七雄略》《三国权》等大类的区分，以及全书各篇文章中涉及的历史事件，大都集中在战国、三国、魏晋南北朝等几个混乱特甚的时期，这时的一些政治活动家，除战国时期有著名的纵横家外，其他一些纵横捭阖大肆活动的政治家，赵蕤都将他们归入“长短”类内，并一一征引他们的事迹和活动，作为实例，证成自己的理论。

二、赵蕤在书中最为称道的人物，是傅说、太公、管仲、苏秦、张仪、鲁仲连、汉高祖、汉光武、张良、韩信、诸葛亮及谢安。赵蕤推崇诸葛亮，或许因为诸葛亮的经历对他深具吸引力，因为诸葛亮原来也是一个隐士，未出茅庐，已知天下三分，这对赵蕤来说，无疑是很好的榜样。但诸葛亮的分析天下大势，与赵蕤的活动实际上有很大的不同。赵蕤的理论，只是停留在分析过去的历史经验上，诸葛亮的理论，却是从分析当前的政治形势而得出的结论。苏秦、张仪等人游说诸侯时，也要对对方的处境和条件作一番具体的分析，而赵蕤书中却对当前形势毫不涉及。

三、赵蕤生平不详。估计安史乱起之时他已去世，所以未曾有过实际的政治活动。假如安史乱起之时他还健在，那么按照他的理论，很有可能出来实践一番的。看来他一直生活在开元、天宝这一段相对平静的时期，使他觉得还未形成实施纵横家说的土壤，因而“夫妇俱有节操，不受交辟”，仅“撰《长短经》十卷”，就以“征君”、“草莽臣”终世的吧。

李白的情况有所不同。他身逢安史之乱，又遇到了肃宗和永王璘的内争，这样也就给了他一种印象：实践纵横理论和实现个人抱负的时机到来了。

当然，李白的参与王室内争，不能用作学习纵横术的人必然喜欢时局混乱的典型事例，但是这种学说还是潜在地起着作用。安史乱起，他避地庐山，永王璘征召他时，韦子春等人三次上山礼聘，李白审时度势之后，终于认为施展个人才能的机会到了，这种信念愈来愈强，终于欣然下山，准备在混乱的时局中一显身手。但随着李璘的兵败，纵横之术终于破产了。

李白也很崇拜诸葛亮。诸葛亮风流儒雅的风姿和旋乾转坤的才华，对他深具吸引力。他在《留别王司马嵩》诗中说："余亦南阳子，时为《梁甫吟》。……愿一佐明主，功成还旧林。"《赠友人三首》其三中说："蜀主思孔明，晋家望安石。时来列五鼎，谈笑期一掷。"表示要像诸葛亮那样指挥若定，建立奇功，但他和赵蕤相似，也只是把诸葛亮的功业作为历史上的事例而进行探讨，而不能学到诸葛亮的真实本领，对当前形势作具体的分析。李白毕竟是个文人，长期过着名士的生活，对现实的政治局势缺乏清醒的认识，而又自视奇高，这就不可避免地要步入逆境。

刘备三顾茅庐时，诸葛亮对天下大势作了精辟的分析，这就是著名的"隆中对"。诸葛亮指出：汉末以来，豪杰并起，曹操拥百万之众，挟天子以令诸侯，不可与争锋；孙权据有江东，已历三世，国险而民附，贤能为之用，这可以作为奥援而不可以侵夺。全国范围内可以考虑用作发展地盘的，只是荆州和益州。这一番话，说明诸葛亮确是具有超人的战略眼光，事后刘备按照他的分析做去，竟成三分天下的霸业。

李白的情况就不同了。韦子春等人三上庐山去请他时，他动心了，《读诸葛武侯传书怀赠长安崔少府叔封昆季》诗曰："当其南阳时，陇亩躬自耕。鱼水三顾合，风云四海生。……余亦草间人，颇怀拯物情。晚途值子玉，华发同衰荣。托意在经济，结交为弟兄。"这时他陶醉在历史的类比中，《与贾少公书》中说："王命崇重，大总元戎，辟书三至，人轻礼重。"他只是感到荣宠，但对天下大势可没有作出什么具体的分析。在他脑海中，只是浮现出过去历史上的一幅幅动乱景象，于是他一则把唐王朝与安史一伙的战争比作楚汉相争，再则把永王璘的企图割据江东比作晋元帝在江东即位。他对当前形势的看法，可谓“知古而不知今，谓之陆沉”。①

《猛虎行》中说：

旌旗缤纷两河道，战鼓惊山欲倾倒。
秦人半作燕地囚，胡马翻衔洛阳草。
一输一失关下兵，朝降夕叛幽蓟城。
巨鳌未斩海水动，鱼龙奔走安得宁。
颇似楚汉时，翻覆无定止。

范文澜说：“李白的政治见解很差。他在《猛虎行》里，把唐朝与安史叛军平等看待，说‘颇似楚汉时，翻覆无定止。’既然看不出安史是叛逆，永王李璘割据东南对朝廷的危害更不会看出。”②这种评价是公允的，李白确是昧于形势。

崔宗之《赠李十二》诗曰：“李侯忽来仪，把袂苦不早。清论既抵掌，玄谈又绝倒。分明楚汉事，历历王霸道。”可见李白对楚汉之争向来感兴趣。这时错把唐王朝和安史之间的战争看作楚汉之争的再起，也就犯了严重的历史类比的错误。

他在诗中多次提到楚汉相争，《登广武古战场怀古》曰：

楚灭无英图，汉兴有成功。按剑清八极，归酣歌《大风》。

---

① 《论衡·谢短》：“夫知古不知今，谓之陆沉。”

② 见《中国通史简编》（修订本第三编第二册）第七章《唐五代的文化概况》，人民出版社 1965 年版。

伊昔临广武，连兵决雌雄。分我一杯羹，太皇乃汝翁。

……拨乱属豪圣，俗儒安可通？沉湎呼“竖子”，狂言非至公。抚掌黄河曲，嗤嗤阮嗣宗。

这里他对阮籍的藐视项、刘表示不平。在他看来，项羽是起义的好汉，刘邦是成功的英雄，而李白在介绍刘邦的过人之处时，则不数其他政治、军事上的荦荦大端，而仅举他对待父亲之事为例。《史记·项羽本纪》记载，项羽俘虏刘邦父亲之后，置之俎上，声言将烹太公，以此威胁刘邦屈服，刘邦却答之曰：“我与项羽俱受命怀王，曰‘约为兄弟’，吾翁即若翁，必欲烹而翁，则幸分我一杯羹。”司马迁写这一番话，是在如实地暴露刘邦的无赖嘴脸，历代儒者也均视此为悖逆之辞。① 李白介绍刘邦的过人之处时，唯独介绍这一悖逆之事，并对此表示欣赏，而称对刘邦此举表示异议的人为“俗儒”，可见他对儒家制订的一些人伦准则确持不屑一顾的态度。这种极端功利主义的思想，已与法家观点为近。

但在李白脑中印象最深的，便是东晋的政局，这在他的诗文中一再提及。《永王东巡歌》中，他以风云际会的高昂情绪，写下了如下字句：

三川北虏乱如麻，四海南奔似永嘉。

但用东山谢安石，为君谈笑静胡沙。（其二）

---

① 凌稚隆辑《史记评林》，引王楙曰：“高祖与项羽战于彭城，为羽大败，势甚急迫，鲁元公主、惠帝弃之，夏侯婴为收载行，高祖怒欲斩婴者十馀，借谓吾力不能存二子，不得已，弃之可也。他人为收，岂不甚幸，何断断然欲斩之？其天性残忍如此。高祖岂特忍于二子，于父亦然。当项羽置太公于俎上，赫焰可畏，无地措身，而分羹之言，优游暇豫，出于其口，恬不知愧，幸而项羽听项伯之言而赦之；万一激其愤怒，果就鼎镬，高祖将何以处？”同治甲戌年长沙魏氏养翮书屋刊本。

龙盘虎踞帝王州，帝子金陵访古丘。

春风试暖昭阳殿，明月还过鸩鹊楼。（其四）

李白这次政治上的失败，遭到长流夜郎的严惩，并且受到了“世人皆欲杀”的舆论谴责，[①]或许出乎他的意料，因为他的本意确是想“一扫胡尘”而没有什么闹分裂的阴谋成分在。李白的心地极为纯真，他对政治局面中的钩心斗角确是了解太少了。因此，历代都有人为他抱不平。《苕溪渔隐丛话》前集卷五引《蔡宽夫诗话》曰：“太白之从永王璘，世颇疑之，《唐书》载其事甚略，亦不为明辨其是否。独其诗自序云：‘半夜水军来，浔阳满旌旃，空名适自误，迫胁上楼船。从赐五百金，弃之若浮烟，辞官不受赏，翻谪夜郎天。’然太白岂从人为乱者哉？盖其学本出纵横，以气侠自任，当中原扰攘时，欲借之以立奇功耳。”这一番辩白，有说得中肯的地方，但李白自序的话，却也未尽合乎事实。按李白在《经乱离后天恩流夜郎忆旧游书怀赠江夏韦太守良宰》诗中，有“迫胁上楼船”等句，按诸实际，有为自己辩解而曲意掩饰的地方。他在《永王东巡歌》中如此兴高采烈，直到《南奔书怀》时，还与永王璘持同一立场，称追逐他的军队为“北寇”，[②]他的态度也可算是够坚定的了。

李白追慕前代奇人而漠视当前现实

我国自宋代之前，长期建都长安等地。唐代的长安，更是全国政治、经济、文化的中心，与域外的交通也极发达，正是全国各民族仰望

---

① 杜甫《不见》诗中说：“不见李生久，佯狂真可哀。世人皆欲杀，吾意独怜才。”

② 参看松浦友久《关于李白离开永王军的时间问题——以〈南奔书怀〉诗为中心》，载《中国李白研究》1990年集上，江苏古籍出版社1990年版。

归心之处。安史之乱一起，洛阳、长安相继陷落，这对全国人心的打击确是极大的，因此肃宗在李泌等人的帮助下，依靠郭子仪、李光弼等人的努力，收复了长安，这对稳定全国人心，鼓舞大众士气，起到了极大的作用。李白对中原的争斗不予正视，空想什么割据江东，重温东晋时期偏安一隅的旧梦，而且这种旧史的憧憬又是这么强烈，当他得到御史中丞宋若思的援救，重新得到发言机会时，又作《为宋中丞请都金陵表》，重提此事：

> 今自河以北，为胡所凌；自河之南，孤城四垒。大盗蚕食，割为洪沟；宇宙峣屼，昭然可睹。臣伏见金陵旧都，地称天险。龙盘虎踞，开扃自然。六代皇居，五福斯在。雄图霸迹，隐轸犹存。咽喉控带，萦错如绣。天下衣冠士庶，避地东吴，永嘉南迁，未盛于此。

这就可与其他人的主张作一比较。

李白是山人，向往神仙，而又热衷政治。他为永王璘出谋画策时，念念不忘重温东晋旧梦。李泌也是山人，同样向往神仙，又参与政治。他为肃宗出谋画策时，得出了完全不同的结论。范文澜曾将二人作一比较，并引《新唐书·李泌传》中文以明之。“〔肃宗〕因从容问破贼期，对曰：‘贼掠金帛子女，悉送范阳，有苟得心，渠能定中国邪？华人为之用者，独周挚、高尚等数人，馀皆胁制偷合，至天下大计，非所知也。不出二年，无寇矣。’”事后政局的发展与此相近，说明李泌的分析切合实际，这也说明李泌对现状有清醒的认识，而李白则否。二人的差异还表现在：李泌对宫廷内的父子兄弟关系能有巧妙而符合正统原则的安排，如尊肃宗而又劝说他正确地对待上皇，保护代宗而又劝说他合适地对待张良娣，调停广平王与建宁王的关系，使之各得其所而免留后患，都曾显示出过人的才智，所以《李泌传》末尾引柳玭的意见道："两京复，泌谋居多，其功乃大于鲁连、范蠡云。"

李白虽想追踪鲁仲连与范蠡，却因不能处理政治上的各种微妙关系而遭到失败。比起李泌来，他对宫廷内的父子兄弟关系不能作出正确的符合正统原则的分析，当属主要原因。

我国自汉代起，儒家思想在人们的日常生活中一直占有极为重要的地位。封建社会的特点是建立起了各种严密的等级制度，不论是君臣父子，还是夫妇朋友，都有一套相互维系、相互对待的准则。儒家强调的礼制，就是为此而设计的；他们的典籍中，尽多对此所作的论证。一个王朝的社会秩序，当它还在正常运行时，儒家的准则仍会被人视作神圣的规范而不能加以亵渎。异端思想的出现，当它还未破坏原有的社会秩序时，或会被人接受而视作惊世骇俗的过人之举；但当它过分逾越常规，或其行动的结果有害于这一社会的稳定时，则会被人视作有害而遭到严厉的对待。李白前期的行动，尽管已有很多异端的表现，但仍被人视作矫矫出群的谪仙或侠士，受到好评；但当他一投入政治斗争，并与儒家准则有所冲突时，也就迅速地陷于逆境而被众人唾弃了。

大家都说李白深受纵横家的影响，但却看不到赵蕤、李白等人只是一些纸上谈兵的战略家，他们对古时的旋乾转坤之士引领望之，但却不去分析前代的历史条件与个人的有利因素，并与自己的具体情况作比较。这也是李白脱离实际而遭致失败的一个重要原因。

李白在诗文中多处提到了谢安其人，对他的为人、处世和功业，充满着向往。东晋之时，谢安以一身系天下安危，淝水一战，扭转了局势，使胡马不再南侵，谢安本人又表现得那么从容不迫，进退自如，功成名就，东山之志始末不渝，这对李白来说，简直是完美的榜样。历史上出现谢安其人，是由许多复杂的因素构成的。魏晋之时，儒家思想削弱，谢安沐浴玄风，因而有那种风流潇洒的表现，但他凭借谢家一门的特殊地位，指挥亲手培植起来的北府精兵，才能取得胜利。李白虽想步其后尘，但是各种条件却有这么大的差异，历史又怎能重现？他的失败也就成了必然之势。

由上可知，李白的成功与失败，都与他独特的经历与所受教育有关。他的思想，不受儒家牢笼，立身行事，矫矫不群，发为诗文，时见异彩，这是他的过人之处；而他攀比古人，看不到时代的差异，从政心切，却又昧于眼前形势，遭致失败，事有必然。对于李白的成功之处，后人自可从中得到启示；对于李白的失败，后人应该结合历史条件而予以说明。凡此均应予以理解的同情，而不宜以政治上的成败论英雄。

十、成败根源

——李白屡遭挫折与倍受赞誉之两面观

应该说明，我在前面几篇文章中一一解开李白之谜时，引用唐代之前的一些材料，还是顺着前人的思路而作出解释的。例如论述李白的“异端”思想时，还是奉儒家思想为正宗，而把不合儒家规范的思想称为“异端”，这也是汉武帝罢黜百家、独尊儒术之后才有的观念。在此之前，儒家只是诸子百家中的一家，虽曾被称为“显学”，却不成其为“正宗”。而将鲁仲连视作纵横家中的一员，也是沿用了前人的一般说法，因为有关鲁仲连的记载仅见《战国策》一书，该书专记纵横家的事迹，司马迁据此列入《史记》，而以汉初的邹阳附传。邹阳以狱中上梁孝王书得名，该文也是汉初饶有战国纵横余风的一篇代表作。实则纵横家的流品很杂，在九流十家中，情况甚为特殊。比之儒、墨、道、法等家，这一流派中人提不出什么治世的政纲，缺乏统一的学术宗旨；比之阴阳、名、农等家，又无明显的学术特色与学术气息。就拿这一派的代表人物苏秦、张仪来说，或拥秦以对付六国，或拥六国以对付秦国，其间并无固定的政治目标和学术宗旨。按照《战国策》中的描述，只是一些活动分子出于私利而要弄的手腕。例如苏秦起先想在秦国谋求出路，但找不到晋身的机会，于是又至山东六国寻求发展；陈轸与张仪倾轧，先谋仕秦，不成则仕楚，而又为秦出谋划策。这样的活动分子，比之其他各家为了本学派的理想而不惜献身的精神，差距实在太大了。由于这一学派的著作大都散佚，后人自然难以窥其全貌，但从一些残存的记载来看，似难称为一个学派。

班固在《汉书·艺文志》的《诸子略》纵横家小序中说："纵横家者流，盖出于行人之官。孔子曰：'诵诗三百，使于四方，不能颛对，虽多，亦奚以为？'又曰：'使乎使乎！'言其当权事制宜，受命而不受辞，此其所长也。及邪人为之，则上诈谖而弃其信。"班固以为战国时期的纵横家出于春秋时期的行人之官，也不能说没有一点道理，因为二者职务相同，都代表本国的利益，担当折冲樽俎的重任。但正如顾炎武在《日知录》卷十三《周末风俗》中所指出的：春秋、战国之时风俗变化极大，"春秋时犹尊礼重信，而七国则绝不言礼与信矣；春秋时犹宗周王，而七国则绝不言王矣；春秋时犹严祭祀、重聘享，而七国则无其事矣；春秋时犹论宗姓氏族，而七国则无一言及之矣；春秋时犹宴会赋诗，而七国则不闻矣……邦无定交，士无定主，此皆变于一百三十三年之间"。由此可知，春秋时期的行人和战国时期的纵横游说之士在个人身份和品德教养上已有根本不同。看不到这一点，也就无法了解先秦时期"士"的变化。

春秋时期的行人，大都由诸侯国的卿大夫担当，他们与任职的朝廷关系紧密，大都为同一宗族中的成员。卿大夫作为使者而出使他国，代表的是宗主国的利益，因此少见有人利用职位谋取私利的事。战国之时的纵横游说之士与诸侯国的诸侯之间没有什么宗族的关系，按照其时法家的说法，二者之间只是一种雇佣关系。相互合作，基于一时的利益。① 因此，纵横游说之士大都缺乏坚定的立场，他们往往借此谋求私利，班固所说的"邪人为之，则上诈谖而弃其信"，概括的当

---

① 《韩非子》中曾对战国时期新型的君臣关系有所陈述，《外储说右下·说二》载"田鲔教其子田章曰：'主卖官爵，臣卖智力，故自恃无恃人。'"同书《难一》中申述说："且臣尽死力以与君市，君垂爵禄以与臣市。君臣之际，非父子之亲也，计数之所出也。"拙著《〈韩非子〉札记》中《韩非论君臣关系》一文于此有所论证，江苏人民出版社 1980 年版。

是战国时期纵横家的特点。

孔子培育学生时，总是把“诵《诗三百》”与“使于四方”联系起来。他们活动的年代，已至春秋末期，贵族的世袭制度逐渐解体，孔门弟子中有很多人非贵族出身，然有机会到其他诸侯国或卿大夫的领地去出任要职。当时的贵族阶层仍重六艺的修养，外交场合仍有赋诗的风气，孔门弟子有机会担当行人之职，也就需要具有赋《诗》言志的能力。战国之时，赋《诗》之风已经消歇，纵横游说之士出使他国时，不再需要《诗》学方面的特殊修养，他们所阅读的，已是偏于权谋的一些著作了。由于战国时期纵横家的理论著作散佚特甚，后人自难窥其究竟，但苏秦在游说各国失败后，深闭门，锥刺股，刻苦钻研其师鬼谷子的《周书阴符》（或称《太白阴符》），从这书名上看，似乎就是一部权术指南性质的著作。

由春秋时期的行人演变为战国时期的纵横游说之士，反映了政治体制上的巨大变化。春秋后期，政治动荡，王官失守，孔子开私门讲学之先河，凡具束脩者均可从之受业，士的身份随之也发生了根本的变化。一些并不具有贵族血统，或与宗主国关系疏远的人，也有可能涉足政坛，出任要职。因为春秋后期各诸侯国兼并成风，一些国家为了避免失败，不能再依靠原有的贵族来支撑了。在世袭制的诸侯国领导层中，如果出任要职的主要人员能力不够，就有可能导致整个国家的覆灭，为了救亡图存，也就不得不起用一些与该国无血缘关系且出身并非贵族的游士来担当要职，于是纵横游说之士应运而起。他们往往具有更开阔的政治眼光，能够提出一些更切实际的战略措施。《战国策》中介绍的那些纵横游说之士，尽管人品大都不高，但都具有上述特点，这是与春秋时期的贵族政治中人不同的。

鲁仲连是纵横游说之士中一位极为突出的人物。尽管司马迁以其为纵横家中的一员而批评其指意“不合大义”，但还是“多其在布衣之位，荡然肆志，不诎于诸侯，谈说于当世，折卿相之权”，对其独立特行持欣赏态度。《史记·鲁仲连列传》载其自白曰：“所贵于天下之士者，为人排患、释难、解纷乱而无所取也。即有取者，是商贾之事也，而连不忍为也。”说明他心存救世而不谋私利，这是与一般人所说的纵横家截然不同的，所以司马迁给他总的评价是：“好奇伟俶傥之画策，而不肯仕宦任职，好持高节。”于此鲁仲连也说：“吾与富贵而诎于人，宁贫贱而轻世肆志焉。”足见他重视个人的独立人格。鲁仲连这些将自己与其他纵横游说之士鲜明地区别开来的思想行为，都对后代的李白产生了巨大的影响。

战国时期的重“士”之风

在战国时期激烈展开的兼并战争中，一些具有政治头脑的君主，采取各种措施，招揽人才。最为著称的一件事，便是燕昭王敬礼郭隗而吸引贤士。《战国策·燕一》详记此事曰：

> 燕昭王收破燕后即位，卑身厚币，以招贤者，欲将以报仇。故往见郭隗先生曰：“齐因孤国之乱而袭破燕，孤极知燕小力少，不足以报，然得贤士与共国，以雪先王之耻，孤之愿也。敢问以国报仇者奈何？”郭隗先生对曰：“帝者与师处，王者与友处，霸者与臣处，亡国与役处。诎指而事之，北面而受学，则百己者至。先趋而后息，先问而后嘿，则什己者至。人趋己趋，则若己者至。冯几据杖，眄视指使，则厮役之人至。若恣睢奋击，呴籍叱咄，则徒隶之人至矣。此古服道致士之法也。王诚博选国中之贤者而朝其门下，天下闻王朝其贤臣，天下之士必趋于燕矣。”

这一席话，既是策略，又是理论，是教贵族如何招致地位低于自己而知识和才能高于自己者的手段，在当时特定的历史条件下，是很有效的。

燕昭王的礼贤下士，成了后人传诵的佳话，故事情节中不断增添绚烂色彩。《史记·燕召公世家》转录《战国策》中的记载，也仅说"昭王为隗改筑宫而师事之"，但到魏晋南北朝时，便已出现所谓"黄金台"之说。《文选》卷二八"乐府下"鲍照《放歌行》曰："夷世不可逢，贤君信爱才。明虑自天断，不受外嫌猜。一言分珪爵，片善辞草莱。岂伊白璧赐，将起黄金台。"李善注引《上谷郡图经》曰："黄金台，易水东南十八里，燕昭王置千金于台上，以延天下之士。"这一轶闻太令人神往了。怀才不遇之士，感触尤多，李白曾在诗文中反复加以吟咏。《古风》其十五曰：

燕昭延郭隗，遂筑黄金台。剧辛方赵至，邹衍复齐来。
奈何青云士，弃我如尘埃。珠玉买歌笑，糟糠养贤才。
方知黄鹤举，千里独徘徊。

战国时期的士人形象，经常在李白的脑海中浮现。因为在那动荡的时代中，具有杰出才能的士人，能够得到人们尊重，也有施展才能的机会，因此战国时期的一些士人，能够保持独立人格，不为权势所屈，显得自尊、自信，并对自己的能力感到自负。《战国策·齐四》载颜斶对齐宣王语，昌言"士贵耳，王者不贵。"而颜斶在论述士之可贵时又强调"归反于璞，则终身不辱"，这种富有道家哲理的处世之道，也就是《史记·鲁仲连列传》中声称的"吾与富贵而诎于人，宁贫贱而轻世肆志焉"。他们追求的是奇士与高士的完美结合。

李白深受战国时期这类士人的影响。他在《将进酒》中声称"天生我材必有用”，洋溢着自尊、自信、自负的感情。

李白多次上书显贵求援。一般的人请求他人帮助时，不无有所自我贬抑，甚或低声下气，求得他人的同情。李白的情况截然不同。他在请求他人帮助时，仍然意气昂扬，一无媚俗之态。例如他在《上安州裴长史书》中说：

愿君侯惠以大遇，洞开心颜，终乎前恩，再辱英盼。白必能使精诚动天，长虹贯日，直度易水，不以为寒。若赫然作威，加以大怒，不许门下，逐之长途，白即膝行于前，再拜而去，西入秦海，一观国风，永辞君侯，黄鹄举矣。何王公大人之门不可以弹长剑乎？

荆轲、冯谖，这些在战国时期出现的侠士与谋士，对他产生了强烈的吸引力。这些人原先隐没在下层，但仍意气昂扬，对自己的才能充满着自信，而当为人发现之后，也就干出一番过人的事业。这里李白又提到了几位战国时期的士人，作为向慕的对象；并再次提出了“黄鹄”的形象，表示他超越世俗而飘然高举的信念。

李白在《与韩荆州书》中说：

白闻天下谈士相聚而言曰：“生不用万户侯，但愿一识韩荆州。”何令人之景慕，一至于此耶！岂不以有周公之风，躬吐握之事，使海内豪俊，奔走而归之，一登龙门，则声誉十倍。所以龙盘凤逸之士，皆欲收名定价于君侯。愿君侯不以富贵而骄之，寒贱而忽之，则三千宾中有毛遂，使白得颖脱而出，即其人焉。

白陇西布衣，流落楚、汉。十五好剑术，遍干诸侯；三十成文章，历抵卿相。虽长不满七尺，而心雄万夫。王公大人，许与气义。此畴曩心迹，安敢不尽于君侯哉！

毛遂自荐，事见《史记·平原君列传》，也是古史中的佳话。此人自负其才，脱颖而出，为赵国争得了很大荣誉。传称“毛先生一至楚，而使赵重于九鼎大吕；毛先生以三寸之舌，强于百万之师”。这些往事，对李白来说，也同样起到了鼓舞作用。

战国游士活跃于政坛，得益于时代的赐予，社会上有重士之风，使他们有脱颖而出的机会。其时著名的四公子均养士三千，他们不惜纡尊屈贵，接引游士。平原君的一位美人，见到躄者盘散行汲而忍俊不禁，而公子又不能及时处置，遂致引起门下众客的不满，竟杀美人以谢；信陵君为了求得奇士，乃对大梁夷门监者侯嬴与屠者朱亥极尽礼敬，卒得其助。因此，一些隐没在底层的游士之所以能够崭露头角，一展光辉，还因其时统治阶层中的众多人士爱才如命，多方汲引。李白在《送薛九被谗去鲁》中说：“……田家养老马，穷士归其门。蛾眉笑躄者，宾客去平原，却斩美人首，三千还骏奔。毛公一挺剑，楚赵两相存。孟尝习狡兔，三窟赖冯谖。信陵夺兵符，为用侯生言。春申一何愚，刎首为李园。贤哉四公子，抚掌黄泉里，借问笑何人？笑人不好士。”他之所以多次提及平原君与信陵君等人的重士，则是希望当代也有一批达官贵人能像四公子那样爱惜征拔人才，但李白的天真却使他忽略了，他生活的时代已远非战国。

李白是个情绪变化强烈的诗人。他在行卷之时，也像其时一般文士那样，常对对方有所揄扬。有的书信中，或因自身处境窘迫，或因对对方期望过高，言词陷于卑屈，对对方则揄扬太过，如《上安州李长史书》中说：“白孤剑谁托，悲歌自怜，迫于凄惶，席不暇暖。寄绝国而何仰，若浮云而无依，南徙莫从，北游失路，远客汝海，近还郧城。昨遇故人，饮以狂药，一酌一笑，陶然乐酣，困河朔之清觞，饫中山之醇酎。属早日初眩，晨霾未收，乏离朱之明，昧王戎之视，青白其眼，瞢而前行，亦何异抗庄公之轮，怒螳螂之臂？御者趋召，明其是非，入门鞠躬，精魄飞散。昔徐邈缘醉而赏，魏王却以为贤；无盐因丑而获，齐君待之逾厚。白妄人也，安能比之？上挂《国风》相鼠之讥，下怀《周易》履虎之惧，愍以固陋，礼而遣之。幸容宁越之辜，深荷王公之德。铭刻心骨，退思狂僭，五情冰炭，罔知所措。昼愧于影，夜惭于魄，启处不遑，战跼无地。”但他在书信开头即云：“白，嵚崎历落可笑人也。虽然，颇尝览千载，观百家。”仍然保持着自尊、自信、自负的一贯作风。这是与其他文士有所不同的。

李白在《冬夜于随州紫阳先生餐霞楼送烟子元演隐仙城山序》中说：“吾不凝滞于物，与时推移，出则以平交王侯，遁则以俯视巢、许。”这种“平交王侯”的思想，《少年行》中也有反映，中云“府县尽为门下客，王侯皆是平交人”。尽管严羽在《沧浪诗话》中指出此诗“只有数句类太白，其他皆浅近浮俗，决非太白所作”，但伪托者对李白的思想看来也有所认识，因而能够突出其“平交王侯”的思想。

实际说来，唐代之时已经缺少士人“平交王侯”的社会基础。杜甫之与汉中王李瑀或许也有“平交”的一面，但李瑀是一位谨洁之极的人，由于政治上怕迫害，他似已显得很平民化了，因此严格地说，我们已难举出有哪一位士人曾有“平交王侯”的经历。或许有些山人高士曾经出入王公贵族之门，然而这又很难说是具有“平交王侯”的风概。这类人物，常是以清客的面目出现，他们涉足王公贵族之门，目的也不在求得引荐而出仕，希冀一展抱负。他们的言词中，也看不到什么昂扬的气概，这与战国时期游说之士中的杰出人物那种自尊、自信、自负的表现，相距太远了。

士之入“彀”与入“关”

各个时期的士人面貌有所不同。所以发生差异，每与各个时期士人所面临的政治形势有关。各个王朝制定了什么样的制度，采取了哪些措施，吸引士人步入仕途，会对整个社会产生影响。在封建社会中，人有士、农、工、商之别，士人高踞四民之首，如果无法涉足仕途，其处境往往还比不上其他职业中人。因此，士人必须“学而优则仕”，这也就成了常规。

汉代王朝经过一番摸索，决定奉儒家学术为立国的指导思想，弟子通一经者即可入仕。魏晋南北朝时建立了九品中正制，各个地区设有专职人员选拔官吏，得到征辟的人，要有符合儒学要求的德行。自隋代起，则建立起了科举制度。比之前代，应试的人所受的身份束缚比较少了。除了有些职业，如商人或其他一些所谓贱业者，还不准应试外，一般人差不多都可由此求得晋身而步入仕途。但科举内容甚为繁复，对应试者的要求也很严格。唐代的统治者在让士人进入仕途之前，树立了严格的准则，只有达到他们规定的严格要求的人才能进入统治阶层。

唐太宗对科举考试所起的作用，有明确的认识。《唐摭言》卷十五《杂记》曰：

> 贞观初，放榜日，上私幸端门，见进士于榜下缀行而出，喜谓侍臣曰：“天下英雄，入吾彀中矣。”

大家知道，李白的与众不同处之一，就是不应科举考试。他之所以不走这条道路，原因何在，难以确说，但依其后果而言，却是没有坠入皇家设置的“彀”中。

唐代初年，社会趋于稳定，官僚体制得到了进一步的加强，建立了按部就班、逐级升迁的考核制度。自此时起，科举制度更趋周密。《旧唐书》卷四二《职官志一》曰：“有唐已来，出身入仕者，著令有秀才、明经、进士、明法、书算。……天宝三载，又置崇玄学，习《道德》等经，同明经例。”李白活动的年代，士子已群趋明经、进士二途。这两种科目中，都有帖经的要求，《唐会要》卷七六《贡举中·进士》曰：“调露二年四月，刘思立除考功员外郎。先时，进士但试策而已，思立以其庸浅，奏请帖经，及试杂文，自后因以为常式。开元二十四年十月，礼部侍郎姚奕请进士帖《左氏传》、《周礼》、《仪礼》，通五与及第。”可见李白如欲由进士晋身，则必须经受帖经的考验。帖经唯重背诵，试者仅要求默写经典注疏。朝廷通过这种僵化的测试方式，驱使应试者在儒家经典之前就范。李白天才横逸，不受绳束，就在这一点上，他也不大可能屈从。

唐代应科举者，虽然也有由道举晋身的，梁肃《朝散大夫使持节常州诸军事守常州刺史赐紫金鱼袋独孤公行状》曰：“天宝十三载，应诏至京师。时玄宗以道莅天下，故黄老教列于学官。公以洞晓玄经对策高第，解褐拜华阴尉。”（《全唐文》卷五二二）这是以精通道家典籍应制科试而入仕的一个例子。但通观唐代的历史，可知不论应制科试中的洞晓玄经也好，或由道举晋身也好，为数极为有限，唐代士子的晋身，主要通过明经、进士两种科目的考试，而测试应试者的水平，不论是帖经也好，策论也好，都要精熟儒家经典。这是一种强制性的措施，逼迫举子屈从其规范，太宗说的英雄入其彀中，就因凡由此途求得晋身者都已屈从其设立的规范。

儒家树立的规范，着重在三纲六纪的实施，君臣、父子，等级森然，不可稍有逾越。这对李白这样一个具有不同文化背景，而又向慕先秦士人独立品格者而言，无异凿枘不合。李白不就科举试，表明他不愿坠入皇家设置的彀中。

士人通过科举考试，只是取得了入仕的资格，接着还得应吏部试，而这首先就得通过关试。因在春天举行，故称“春关”。应吏部试也不太容易，因为这里另有标准，即以身、言、书、判四项考核，合格者才能进入仕途。有些人通过礼部试之后就是通不过吏部试，难以解褐，只能饮恨终身。

关试之“关”含义颇深。或许是说士子彻底过关之后，身份才起根本变化。未过关前，仍是一名布衣，享不到什么特权；彻底过关之后，成了官僚队伍中的一员，也就可以沿着九品三十阶一步一步向上爬了。等级森严，一个决心沿着官僚队伍中的各个阶梯向上攀登的人，他就必然下定决心，遵循朝廷树立的种种规范，求得贵仕。即使在独立人格上有所失落，也在所不惜。

由此可见，唐代的士人要想在社会上立足，解决个人或家庭的生活问题，或实现治国的抱负，首先就得入“彀”，接着还得过“关”。经过一系列的考验，合格者都已适应了依据儒家伦理而确立的种种规范。这也就是科举制度的用意之所在。科举出身的人中，也曾出现过风骨凛然的官吏，他们或是为了抗击外敌入侵，不惜牺牲身家性命，或是为了关心民瘼，敢于与邪恶势力抗争。儒家制订的一些重要原则，对于稳定社会秩序，卫护民族尊严，使国家凝成一体，起到了很大的作用，而这些原则的实现与发扬，往往就是经过服膺儒术的士人或官员的努力而完成的。但从士的发展而言，唐代士人的独立人格，在入“彀”入“关”的过程中，却是受到了很大的损害。

杜甫、韩愈二人，是服膺儒术的著名文士。他们为了争取入“彀”入“关”，经历了很多艰难困苦。为了求得晋身，他们与唐代其他士人一样，上书显要人物，争取援助。这些书信中，反映出了其时士人的共通情绪。

韩愈《上宰相书》曰：

> 今有人生二十八年矣，名不著于农工商贾之版。其业则读书著文歌颂尧舜之道，鸡鸣而起，孜孜焉亦不为利；其所读皆圣人之书，杨、墨、释、老之学无所入于其心；其所著皆约六经之旨而成

> 文，抑邪与正，辨时俗之所惑。居穷守约，亦时有感激怨怼奇怪之辞，以求知于天下；亦不悖于教化，妖淫谀佞诪张之说，无所出于其中。四举于礼部乃一得，三选于吏部卒无成；九品之位其可望，一亩之宫其可怀。遑遑乎四海无所归，恤恤乎饥不得食，寒不得衣，滨于死而益固，得其所者争笑之。忽将弃其旧而新是图，求老农老圃而为师。悼本志之变化，中夜涕泗交颐。虽不足当诗人、孟子之谓，抑长育之使成材，其亦可矣；教育之使成才，其亦可矣！

韩愈为人刚直，论宫市之弊，谏佛骨之害，出使王廷凑时，面折强藩，意气何等轩昂，但在为谋求入仕而上书时，态度又一何卑屈。若与李白的上书比较，则韩愈为求入“关”而卑躬屈膝，已无自尊、自信、自负之可言。

杜甫屡应科举失利，乃直接上书皇帝。唐时上书求官，也算是一条正常的途径，杜甫其后就是由此入仕的。他在天宝九载上《雕赋》，十载上《三大礼赋》。《进雕赋表》曰：

> 臣幸赖先臣绪业，自七岁所缀诗笔，向四十载矣，约千有余篇。今贾、马之徒，得排金门、上玉堂者甚众矣，惟臣衣不盖体，常寄食于人，奔走不暇，只恐转死沟壑，安敢望仕进乎？伏惟天子哀怜之！倘使执先祖之故事，拔泥涂之久辱，则臣之述作，虽不足以鼓吹《六经》，先鸣数子，至于沉郁顿挫，随时敏捷，而扬雄、枚皋之流，庶可跂及也。有臣如此，陛下其舍诸？伏惟明主哀怜之，无令役役便至于衰老也！

言辞何等凄楚，令人哀悯。入“彀”入“关”之艰难，由此亦可想见。从中可见科举对士气的摧残。

杜甫也曾多次向达官贵人献诗，求援引。《奉赠韦左丞丈二十二韵》，即是其中名篇之一。因为献诗的对象韦济乃世交，故情绪尚属正常，不似《奉赠太常张卿垍二十韵》等诗中那样深自贬抑。中如有句云："甫昔少年日，早充观国宾；读书破万卷，下笔如有神。赋料扬雄敌，诗看子建亲。李邕求识面，王翰愿卜邻。自谓颇挺出，立登要路津。致君尧舜上，再使风俗淳。"言下亦有自负之意。但他对自己的才能用一"颇"字来限制，不像李白自抒怀抱时那么高自期许，总觉得于自信这一层上还有差距。杜诗续云："此意竟萧条，行歌非隐沦。骑驴三十载，旅食京华春。朝扣富儿门，暮随肥马尘。残杯与冷炙，到处潜悲辛。"则于"自尊"这一层上也有损色。而杜甫于篇末又云："今欲东入海，即将西去秦。尚怜终南山，回首清渭滨。常拟报一饭，况怀辞大臣。白鸥没浩荡，万里谁能驯？"比之李白常以大鹏、黄鹄自喻，其取象也有很大的不同：一高昂，一沉潜。二人的差异，也就是其时两类士人的不同。

杜、韩与李白的差异，在于前者更为尊崇儒学，重视三纲六纪中有关君臣上下的实践，这对古人来说，也是臣下应有的德行。因此，从杜、韩与李白的这一差异而言，不能说明二者的品德孰优孰劣。我在这里作此比较，目的只在说明李白飘然高举的风格特异处就是了。①

一根藤上结的两个瓜——成功、失败

《通典》卷十五《选举三》曰："开元以后，四海晏清，士无贤不肖，耻

① 闻一多《少陵先生年谱会笺》于天宝十一载叙杜甫之困穷时引"钱谦益曰：'少陵之投诗京兆，邻于饿死；昌黎之上书宰相，迫于饥寒。当时不得已而姑为权宜之计，后世宜谅其苦心，不可以宋儒出处，深责唐人也。'此言虽出之蒙叟，然不失为平情之论。"此说从生活着眼考虑，亦有见地。

不以文章达。其应诏而举者多则二千人，少犹不减千人，所收百才有一。”杜甫虽然不由科举进入仕途，但仍属于开元之后的经文章达者。李白则以文化背景不同之故，不由科举晋身，属于唐代诗人中的特殊现象。

纵观李白一生，其成功与失败，都与他对待儒家学术的态度有关。我在前面几篇文章中多次提到，李白政治上的最大失败，是从永王璘闹独立而开罪了肃宗，以致遭到流放，还受到舆论的强烈谴责；他在文学上的成功，则是在诗文中高扬独立不屈之人格，自尊、自信、自负，因而博得了后世士人的尊重和喜爱，而他之所以能有此表现，则可由他的不应科举而进行考察。

李白不顺应潮流，坚持先秦时期士人的理想，与儒家学术疏离，这跟他的家庭出身有关。

根据李白的自我介绍，这一家族早期僻处西陲，后又长期移居碎叶，在这很长的一段时间内，李氏子孙自无接受系统的儒家学术思想的可能。而当李客将家搬至蜀地之后，又因僻处西畔，与诸多少数民族杂居，文化背景甚为复杂，于是在李白的思想与行动上又增添了许多奇特的色彩。

若从我国古来的传统思想方面进行考察，则在李白的思想中，百家并陈，无所轩轾。儒家思想也占重要位置，但并不占有独尊地位，这也可以说是反映了秦汉之前未曾独尊一家时的局面。

李白的生活年代，已至唐代盛世，这时的人，要想完全摆脱儒家影响，也是不可思议之事。李白的诗文中多次表现出对孔子的尊崇，《书怀赠南陵常赞府》诗中说：“君看我才能，何似鲁仲尼？大圣犹不遇，小儒安足悲。”借孔子之不遇以自慰，也可看出他对孔子不为世用甚为惋惜。

在李白的文章中，有一篇奇特的自白文字《代寿山答孟少府移文书》，表露了他的许多真实思想。今略作征引如下：

> 近者逸人李白自峨眉而来，尔其天为容，道为貌，不屈己，不干人，巢、由以来，一人而已。乃虬蟠龟息，遁乎此山。仆尝弄之以绿绮，卧之以碧云，嗽之以琼液，饵之以金砂。既而童颜益春，真气愈茂，将欲倚剑天外，挂弓扶桑。浮四海，横八荒，出宇宙之寥廓，登云天之渺茫。俄而李公仰天长吁，谓其友人曰：吾未可去也。吾与尔，达则兼济天下，穷则独善一身。安能餐君紫霞，荫君青松，乘君鸾鹤，驾君虬龙，一朝飞腾，为方丈、蓬莱之人耳，此则未可也。乃相与卷其丹书，匣其瑶瑟，申管、晏之谈，谋帝王之术。奋其智能，愿为辅弼，使寰区大定，海县清一。事君之道成，荣亲之义毕，然后与陶朱、留侯，浮五湖，戏沧洲，不足为难矣。

大家都说李白思想中的主导部分属于道家，实则并非如此，从其后来随北海高天师传《道箓》而言，他信奉的是道教。但他决不甘心仅当一名道士以终身，也决不甘心隐逸以终老，与此相反，他的强烈愿望是在政治上一展抱负。《赠韦秘书子春》诗中也说："谷口郑子真，躬耕在岩石，高名动京师，天下皆籍籍。斯人竟不起，云卧从所适，苟无济代心，独善亦何益？"可见他的愿望不在独善其身，而是兼济天下，要在功成名就之后，再谋归山隐退之计。只是时至唐代，统治者已依据儒家宗旨设计了严密的等级制度，不论是谋求入仕也好，入仕之后的逐步升迁也好，都得循序渐进，这些又与李白的愿望相违，因而不愿受其束缚，并时而对儒家中人有所嘲谑。所以李白的谋求"达则兼济天下"，自与唐时其他诗人对此的理解有别。他的主观愿望是走"申管、晏之谈"的捷径。管仲以平民的身分，得到齐桓公的赏识，委之重任，取得了"一匡天下"的伟业。这正是李白所极为向往的"立抵卿相"的先例。他之所以重纵横之术，多次叙及战国游士的脱颖而出，无一不是这种心态的反映。

但李白思想中这种杂然并陈的情况却惹出了很多麻烦。按汉武帝独尊儒术、罢黜百家始，儒术与百家的地位已经固定，儒术为正宗，百家为杂学。《汉书·武帝纪赞》曰："孝武初立，卓然罢黜百家，表章《六经》。"颜师古注："百家，谓诸子杂说，违背六经。"杂说即非正统学术之谓。唐代自太宗起，崇奉儒家，且以科举制度等措施加以贯彻。李白兼崇百家，而不愿偏重儒术，终于导致他后来的挫折。

李白的头脑中，道家、纵横家、法家等等兼容并蓄，而未受儒家思想束缚，因而其思想行为呈现出后世难以再见的自由、奔放与活跃。

《唐摭言》卷一《散序进士》曰：

> 进士科始于隋大业中，盛于贞观、永徽之际。缙绅虽位极人臣，不由进士者，终不为美，以至岁贡常不减八九百人。其推重，谓之"白衣公卿"，又曰"一品白衫"；其艰难谓之"三十老明经，五十少进士"。其负倜傥之才，变通之术，苏、张之辨说，荆、聂之胆气，仲由之武勇，子房之筹画，弘羊之书计，方朔之诙谐，咸以是而晦之，修身慎行，虽处子之不若。其有老死于文场者，亦所无恨，故有诗云："太宗皇帝真长策，赚得英雄尽白头！"

这一段话说明了唐代确立科举制度之后，士人多方发展的道路已被由门阀以迄科举的各种社会因素彻底堵塞，先秦士人的流风余韵根除尽净。独立特行之士，经过科举的熔塑，无不显得柔儒。这当然也是时代发展的必然结果，但以李白而言，其家族与中原文化长期脱节，因而他的思想，带有直承先秦时期而沉湎于过去的特点。

李白的脑海里，不断浮现出先秦时期的各式各样的士人形象。他所仰慕的一些成功的榜样，鼓舞他走同样的道路，然而时代毕竟不同了，他已不可避免地陷于不能适应新情况而不断遭到失败。可以说，他是一位怀有早期士人的理想而在后期士人所面临的已经依据儒家准则而确定下来的大环境中不断碰壁的诗人。

李白失败的根本原因，在于他不遵从在当时已经非遵从不可的儒家伦理而行事，这就必然会不断地引起很大的麻烦，为此还曾受到社会舆论的一致谴责。但这只是事情的一个方面。这位文坛上的英雄，不为皇帝所赚而保持其独立人格，自尊、自信、自负，体现了先秦士人的理想品格，这使他超越侪辈，发出异常的光辉。这是事情的另一个方面。这种复杂的情况，经过分析，自可作出合理的判断。对于他政治上的失败，后人应予理解的同情；对于他文学上的成功，后人应予高度评价。他的诗歌，具有不朽的美学价值；他的独立人格，也永远令人向往。因为知识分子最为重视的，也就是自尊、自信、自负其才。李白本人的光辉形象，满足了后代士人美学上与心理上的追求。

附录：

李白研究的一个更为广阔的领域

罗宗强

李白研究容易作的题目已经不多了。他的生平无疑尚有许多疑点，但史料缺乏，确证不易，大体多在推测上作文章。诗歌的艺术成就，说来说去，也就是那么几点，要再深入下去，除非对于诗史有全面而深入的研究，能从史的发展中确切的分辨其特色。李白的思想，也是大家研究的重点，他的思想与文化背景的关系，说来说去，也就是那么一些问题，如盛唐精神，佛道影响，盛唐文化的哺育等等，泛泛而论的居多，要再深入下去，说出一些让人信服的东西，也是很不容易的。

最近周勋初先生出版了《诗仙李白之谜》（台湾商务印书馆 1996 年 11 月出版），从一个全新的角度，提出了不少问题。这些问题，他并没有全解决，但却把李白研究的视野大大的拓宽了，展现了李白研究的一个更为宽阔的领域。

周先生的这部著作，我看有一个总的值得注意的问题，就是他提出了李白的文化背景问题。关于李白的族属，自陈寅恪先生提出胡族说，詹锳、松浦友久赞同，胡怀琛提出突厥化的汉人说，之后，似乎就沉寂了。好像大家都不予重视，而且基本是持反对态度的。其实，这是一个无法回避的问题。周先生在他的这部著作里，提出了如下的一些重要问题：

他从李白一家名字的寓意，提出了李白的情绪趋向。他说李白的妹妹名月圆，与李诗中咏月一样，都有着比喻义，“原来寓有出自西域极边之地的寓意”，“原来都寓托着对远西出生之地的怀恋”。李白的儿子名明月奴，“显然，这是以中南半岛南部和南洋诸岛的古地名结合‘奴’字而成的专用名称”，“‘奴’乃昵称，由贬词转来，是小名的后缀词。明月寓西方之意，二者合称，犹如说此儿乃是西方来的小家伙”。明月奴的大名叫伯禽，“伯禽一名暗寓‘李’字，和他的小名一样，还暗寓‘西方’之意，因为古时还有李出西方的说法”。李白还有一个儿子名颇黎，“颇黎即玉，乃西方之特产，在李白笔下，也就与明月奴结合了起来。……原来他的两个儿子的命名，都寄寓着他对出身之地的系念”。

他从李白的夷夏观念提出了疑问：李白对哥舒翰攻打石堡城，持非议的态度。与高適、王维等人的赞颂哥舒翰不同，李白在《述德兼陈情上哥舒大夫》中，“对哥舒翰的战功只是泛泛地作了歌颂，并不涉及对战绩的评价”。而在《答王十二寒夜独酌有怀》中，他就说：“君不能学哥舒横行青海夜带刀，西屠石堡取紫袍。”周先生说：“当广大的文士尚在陶醉于哥舒翰的战功，竞作颂德之作时，李白却有反战的言论，对此事件作出截然不同的评价，并且谴责哥舒翰的邀功黩武。这一特殊的现象，正可说明其立场观点的异于常人，而这又可追溯他承受的文化背景不同。这也就是说，他所受的教育，有异于一般汉族文人。”鲜于仲通攻打南诏，是当时的一个重大事件，高適、储光羲都有诗颂美，而李白在《古风》三十四、《书怀赠南陵常赞府》中，却加以批判。周先生认为，“李白的这一特点，除了与他出身胡化家庭因而具有不同的文化背景有关外，还应与其早年生活在蜀地接受到南蛮文化的影响有关”。在盛唐诗人中，不少人有“尊王攘夷”的思想，王维、高適、储光羲都在诗中用过丑化外族的词汇，而李白的作品中，却没有这种偏激情绪，没有什么污蔑性的言词。“这是异乎寻常的思路。所以如此，看来只能用李白其人具有不同于其他汉族文人的文化背景来作出解释”。

他从李白剔骨葬友的行为，论证了李白受到南蛮文化的影响。而且还可能受到突厥文化的影响。突厥也有剔骨葬俗。“李白之草答蕃书，也有可能是在与西方的某一国家打交道。联系李白在《寄远十二首》之十中所说的‘鲁缟如玉霜，笔题月支书。寄书白鹦鹉，西海慰离居’而言，可证他能运用西方某一国家的文字进行通讯，从而有可能在翰林待诏期间承担通解蕃书并草拟诏书作答的任务。不管情况究竟怎样，李白精通某种汉语言文字之外的语文，总是一件奇怪的事，这与同时的文士截然不同。归根到底，总是与他的胡化家庭与特殊经历有关”。

他从李白与儒家学术的疏离，李白入仕不从科举途径，也不从军边塞，李白与纵横家的貌合神离，李白所追慕的人物等方面考察，论证李白存在异端思想。

很有意思的是，周先生在书中写了这样一段话：“李白的血液中，当有胡人的成分，而这是完全可以理解的。因为自李暠始，有好几代的人一直生活在当时国际交往最为频繁的丝绸之路上。在他的上代，难免会有与异族通婚之事。”周先生是反对李白胡族说的，但他的论证，却回到李白的胡族血统上来。我想，周先生提出的上述问题，可能作出的解释不外两种，一是家庭虽非胡族，但已受胡族文化的深刻影响，也就是胡化；一是有胡族的血统。

我们或者可以不同意周先生的结论，但周先生提出的这些问题却需要认真的研究。这些问题，都不是泛泛说的盛唐气象、佛道影响所能解答的。需要研究李白的具体情况。比如说，开元时期蜀地的文化环境是怎样的？我们也说蜀文化对李白的影响，但蜀文化是在不断发展变化的，上古的蜀文化，五代以后的蜀文化，与开元时期的蜀文化，当有差别，笼统说蜀文化，并不能解决问题。又比如，开元、天宝时期，夷夏观念究竟是一种怎样的状况？唐太宗说过：“自古皆贵中华而贱夷狄，朕独爱之如一。”（《资治通鉴》唐鉴贞观二十五年条）直至玄宗朝，李华还说："国朝一家天下，华夷如一。"(《寿州刺史厅壁记》，《文苑英华》卷八〇一)那么，当时朝野的夷夏观念究竟是怎样的呢？怎么来解释不同的诗人诗作中在这个问题认识上的差异？又比如，我们该如何看待唐代胡族生活风俗的影响问题。唐代的婚俗，深受北朝鲜卑族的影响，敦煌发现的写本书仪残卷，记载唐代婚礼的主要仪式在女家举行，这与中原习俗，是完全不同的。唐代的婚丧习俗，究竟是怎样的？我们今天知道的实际上并不多。又比如，唐玄宗注过《孝经》、《道德经》，那是颁行天下，家家都要学习的，影响当然很大，那么具体的影响是怎样的？李白受到影响没有？如果没有受到影响，那又为什么？等等。

总之，我觉得，周先生的专著提出的问题，开阔了我们的视野，使我们想到许多的问题。李白研究，是深入到每一个具体问题中作认真深入探讨的时候了。

(原载《文学遗产》1998 年第 4 期)